Success15 fifteen 6

サクセス15
June 2012

http://success.waseda-ac.net/

CONTE

REGULAR LESSONS

お気軽にお問い合わせください。
詳しい資料をすぐにお送りします。

94名合格

7校定員
約1720名

君も先輩たち
に続け!!

12年連続
全国No.1

1494
早慶高
(2次)

全国
No.1

1359
全国
No.1

1349
全国
No.1

1253

1144
5年連続
全国No.1

980

914

88
開成高
全国
No.1

65
全国
No.1

61
全国
No.1

57
全国
No.1

63
全国
No.1

674
全国
No.1

697
全国
No.1

754
全国
No.1

570

492

374

268

47

46

39

30

32

'97 '98 '99 '03 '04 '05 '06 '07 '08 '09 '10 '11 '12 '11 '12

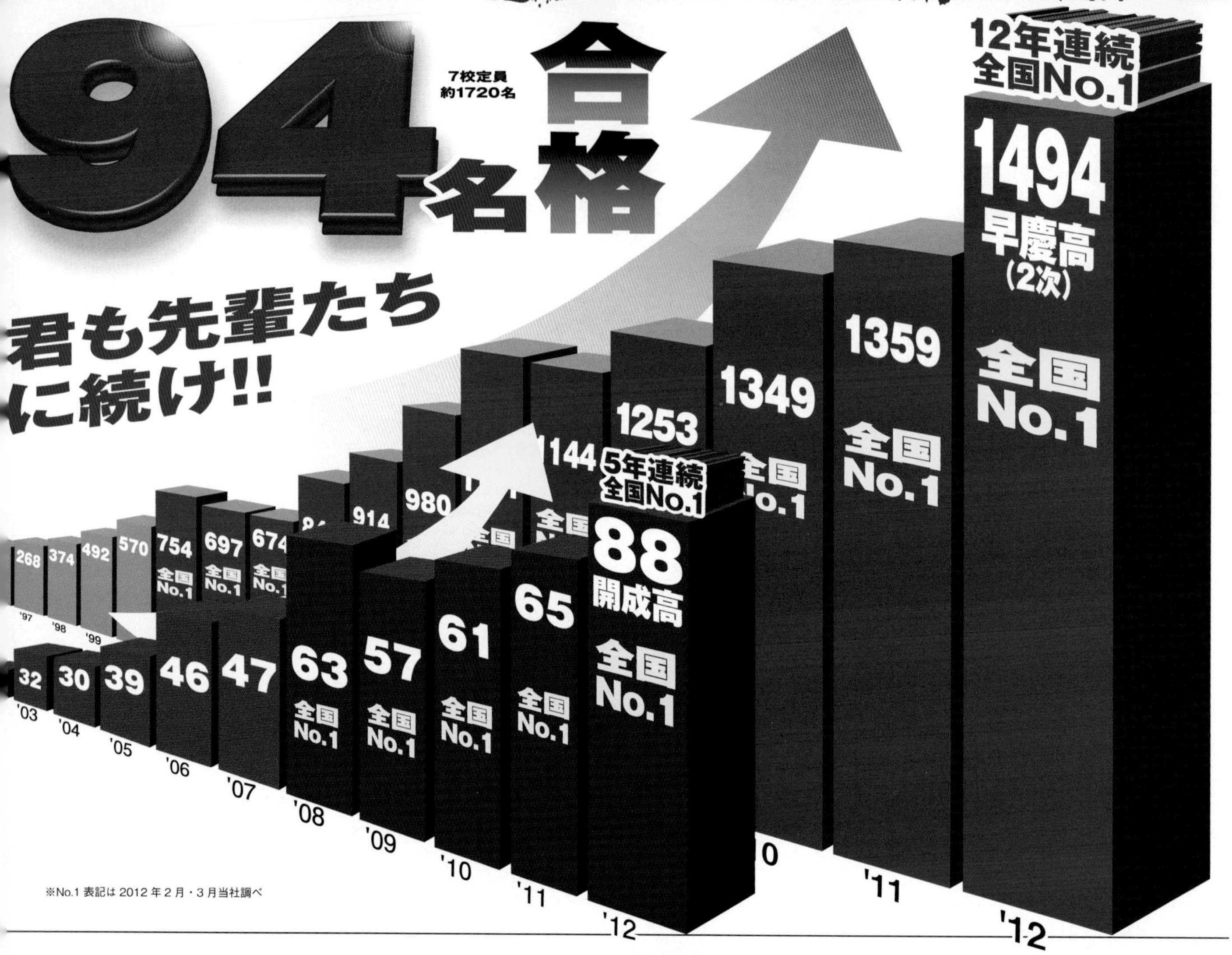

※No.1 表記は 2012 年 2 月・3 月当社調べ

の難関高校に合格させる…
「目標」に変え、「現実」にする力があります！

させることに価値があると、私たちは全力で教務システムのレベルアップに取り組んできました。そして 10 数年間ひたすら合格実績を伸ばし続けてきたのです。事実、早稲田アカデミーにご入塾頂く生徒は、ごく一部北海道や九州から毎週飛行機で通う生徒もいますが、そのほとんどは近所の普通の学力の子供たちで、例えば早慶に合格するためには偏差値が 70 くらい必要だと言われていますが、実際に合格した生徒の二人に一人が、中 1 の時の偏差値は 50 台なのです。早稲田アカデミーがこの 10 数年間で培ってきた、生徒を本気にさせ学力を飛躍的に伸ばすノウハウは、どの進学塾にも負けることはないと胸を張れる完成度となりました。それは今年の結果でも証明できたと考えています。

受験勉強を通して子供たちは大きく成長します。

　受験勉強を否定的に捉える人もいますが、私たちは極めて肯定的に捉えています。なぜならやり方・取り組み方によっては「何事にも本気で取り組む姿勢」「苦しさつらさをはねのける強さ」「一生なくならない高い学力・思考力」を身につけさせることができるからです。そして夢にまで見た憧れの学校に合格した感動や自信は一生消えない生徒自身の宝になり、支える家族にとって何物にもかえがたい宝物になるからです。開成や早慶高校に進学していない生徒さんも、成績を飛躍的に伸ばし他の難関校に進学される方がほとんどであり、早稲田アカデミーで頑張ってよかったと、毎年大変多くの感謝の声を頂いております。

　現在早稲田アカデミーに通われている皆様、そしてこれから早稲田アカデミーに入塾される皆様の信頼と期待にお応えするために、私たちはこれからも、全力で最高の進学塾創りに取り組み続けて参ります。

酒井　和寿
早稲田アカデミー
教務部 中学課 課長
高校入試部門 統括責任者

お問い合わせ、お申し込みは早稲田アカデミー各校舎または
本部教務部 03（5954）1731 までお願いいたします。

小1～中3 夏期講習会 5/21受付開始

前期 7月21日(土)～8月3日(金)　後期 8月17日(金)～8月30日(木)

早稲田アカデミーの夏期講習会は、いずれの学年も学力別クラス編成で、きめ細かい指導を展開。平常授業の数か月分に匹敵する学習時間で、既習事項の総まとめと2学期の先取り学習を行います。

本気★感動★夢★可能性
夏期合宿
WASEDA ACADEMY 2012 Summer School
約10,000名が参加する日本一の夏期合宿
小4 小5 小6 中1 中2 中3
詳しくはホームページで!!

早稲アカを体感してください

早稲田アカデミーの夏期講習会では、毎年多くの新入塾生の方々が参加し、「もっと早く入塾すれば良かった」「勉強っておもしろい！」という声を頂いております。楽しい授業と信頼できる先生たちが君を待っています。「今、他の塾に通っているんだけど…」「塾は初めてで不安だな…」という方も、まずはお問い合わせ下さい。早稲田アカデミーの夏期講習会で、きっと満足のいく授業に出会えるはずです。もちろん夏期講習会だけ参加の方も大歓迎です。この夏、早稲田アカデミーの夏期講習会で大きな一歩を踏み出しましょう！

夏を制する者は受験を征す

夏は受験生にとっては天王山、また受験生でなくても、長い夏休みの過ごし方ひとつで大きく差がついてしまいます。この休みを有意義に過ごすために、早稲田アカデミーでは家庭学習計画表などを活用し、計画的な学習を進めていきます。夏期講習会の目的は1学期の学習内容を確実に定着させ、先取り学習で2学期以降に余裕を持たせることにあります。受験学年の平常授業の3か月分に匹敵する25日間の集中学習は、2学期以降のステップアップの大きな支えとなるでしょう。

中3対象

難関校入試の基礎力養成

必勝Vコース

新入生受付中

無料選抜試験 随時受付中！

難関校合格のための第一段階を突破せよ！

難関校入試に出題される最高レベルの問題に対応していくためには、まずその土台作りが必要です。必勝Ｖコースでは、重要単元を毎回取り上げ、基本的確認事項の徹底チェックからその錬成に至るまで丹念に指導を行い、柔軟な思考力を養うことを目的としています。開成・早慶附属に多数の合格者を送り出す９月開講「必勝クラス」のエキスパート講師達が最高の授業を展開していきます。

中2 中3

開成・国立附属・早慶附属高を目指す中2・中3対象

特訓クラス選抜テスト 6/9(土)

最上位クラスである「特訓クラス」は、今回の選抜テストにより夏期講習会からのクラスが再編されます。君も特訓クラス選抜テストにチャレンジしよう!

無料 別日受験できます!

【実施会場】早稲田アカデミー各校舎
時間は校舎により異なります。

受付時間 12：00～20：30（日・祝 除く）

神奈川地区

横浜校	045(314)6261(代)
綱島校	045(544)2501(代)
上大岡校	045(844)4011(代)
中川校	045(913)9511(代)
仲町台校	045(941)6681(代)
たまプラーザ校	045(903)4311(代)
市が尾校	045(974)5211(代)
東戸塚校	045(824)8311(代)
川崎校	044(556)0721(代)
新百合ヶ丘校	044(953)3411(代)
武蔵小杉校	044(422)0611(代)
宮崎台校	044(853)5211(代)
溝の口校	044(822)4611(代)
登戸校	044(934)3031(代)
相模大野校	042(745)0511(代)
中央林間校	046(272)6811(代)

埼玉地区

大宮校	048(645)7181(代)
北浦和校	048(822)8001(代)
南浦和校	048(887)3481(代)
所沢校	04(2939)3301(代)
小手指校	04(2926)5811(代)
朝霞校	048(462)3061(代)
志木校	048(487)2811(代)
上福岡校	049(267)4611(代)
川越校	049(246)2511(代)
鶴ヶ島校	049(234)3711(代)
川口校	048(226)2421(代)
東川口校	048(297)8731(代)
蕨校	048(262)4511(代)
上尾校	048(772)5581(代)
熊谷校	048(524)8011(代)
春日部校	048(733)5521(代)
新越谷校	048(988)4911(代)
せんげん台校	048(978)6851(代)

千葉地区

千葉校	043(224)0311(代)
海浜幕張校	043(296)6011(代)
稲毛海岸校	043(277)4051(代)
新浦安校	047(355)9111(代)
柏校	04(7144)4351(代)
松戸校	047(361)7041(代)
新松戸校	047(341)1841(代)
津田沼校	047(471)9511(代)
船橋校	047(426)7451(代)
市川校	047(322)7641(代)
妙典校	047(398)7411(代)
八千代台校	047(405)0811(代)
勝田台校	047(486)6511(代)

茨城地区

つくば校	029(859)4461(代)

お気軽にお問い合わせください。

早稲アカ紹介DVDお送りします

text by Tommy

東大への近道

先生の意図を読み取り内申点をあげよう

こんにちは。1年のうちでは比較的天気がよくて過ごしやすい季節を迎え、散歩やスポーツをするには絶好の日和ですね。

さて、新学期が始まり1カ月が過ぎました。新学年の生活には慣れましたか。最初はいろいろと心配に思うことも多かったかもしれませんが、始まってみると案外うまくいくものですよね。こういう状況を杞憂といいます（ぜひ古典で杞憂のエピソードを読んでみましょう）。

そんな新学年のスタートを切ったみなさんに、今日は学校の成績（内申点）についてお話ししたいと思います。

これまではおもに試験に対してどのような準備をして、どう対策するかを中心に話してきました。もちろん、高校受験の中心は入学試験ですから、本番の試験で点数を取れる実力をつけることが一番です。

しかし同時に、学校における評定もとても重要だと私は思います。高校によっては内申点を受験の評価に使うところがあることはもちろんですし、たとえ受験に使わないとしても、内申は自分を客観的に評価してもらった結果ですから、いいに越したことはありません。

私は「入試は点の評価、内申は面の評価」であると考えています。入学試験はその時点の学力のみを、試験の点数という結果だけで判断します。それに対して内申は、定期試験の結果もさることながら、授業態度や提出物などを通じて努力の過程（道筋）を評価してもらえるぶん、努力を結果に反映しやすいと思います。

もう1つ言えることは、内申評価は国数英理社の主要5教科だけでなく、美術、体育、音楽といった総合的な能力を求められるため、教養という面からバランスが養えるのです。「音楽家の名前や美術作品の名前なんて覚えてなんの意味があるの？」と思うかもしれませんが、そういった教養が後々の人生を豊かにしてくれるものだと私は思います。

それでは、どうすれば内申点をあげることができるのか、私の考えを述べましょう。

ポイントは「プリント、試験を通じてそれぞれの先生の意図を読み取る」ということです。みなさんの学校の先生を思い浮かべてほしいのですが、おそらく先生によって評価基準や方法が違っていると思います。小テストばかりする先生、プリント提出に厳しい先生、板書が多い先生などなど。

どの教科も頑張る、という意気込みはとても大切ですが、みなさんはその1歩先を行きましょう。つまり、評価スタイルからその先生が大切にしている軸をあばいてしまうのです。小テストが多い人は毎週復習する人を評価するのでしょう。プリント提出に厳しい先生は、授業で話した内容をメモしてうまくまとめる人を評価するのでしょう。

「こういうお話をすると、「先生にこびるのは嫌だ」と言う人もいます。しかし見方を変えれば、これは素直さと言えます。私は勉強に必要な才能は、素直さのみであると考えています。

最後に、個性が出るのも内申の特徴です。じつは私は人生で美術科目は3より上の評価を取ったことがありません。内申は完璧主義にならず、自分の長所を知るきっかけとして個性を伸ばしていきましょう。

▶▶▶ 入試は点の評価、内申は面の評価

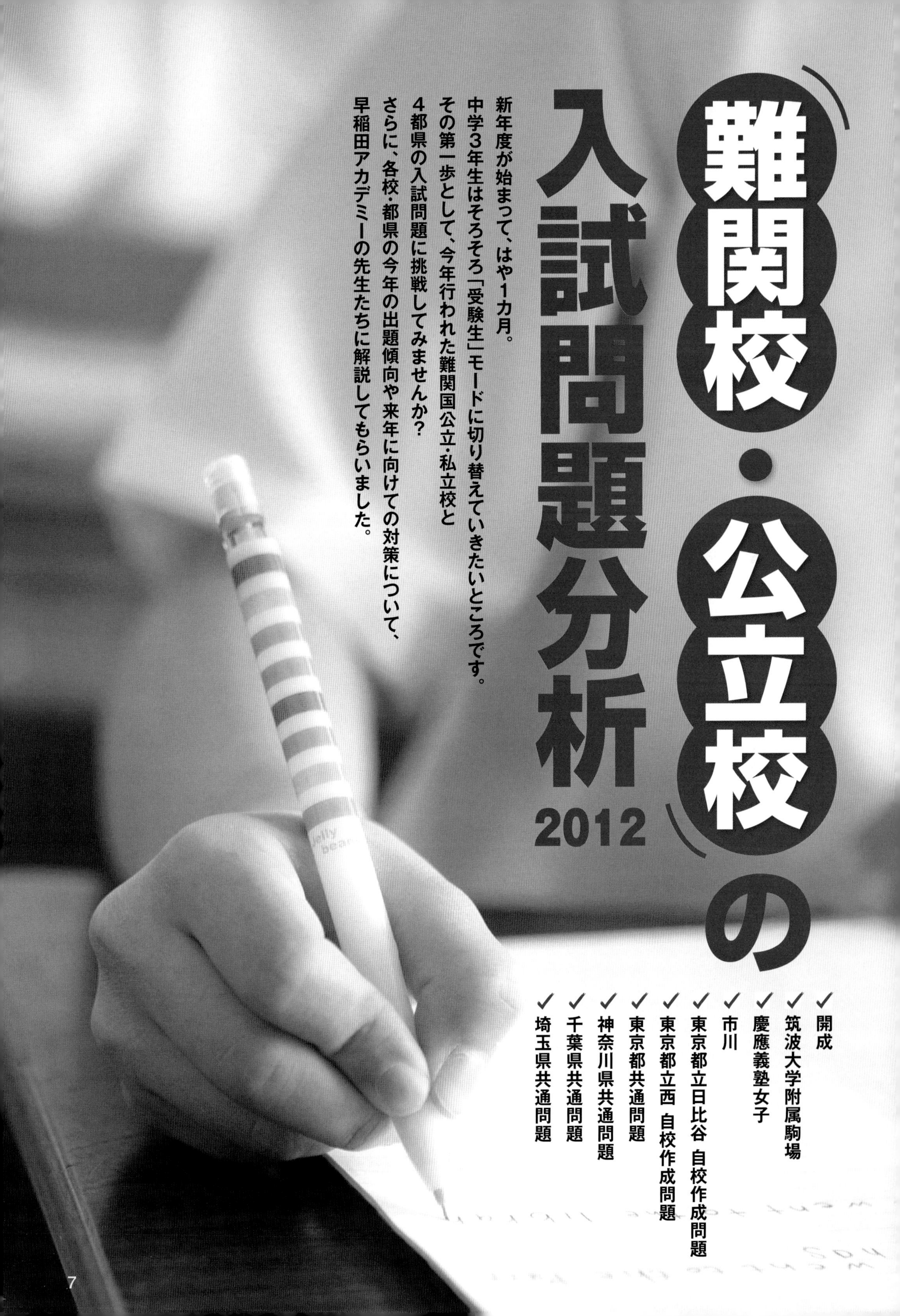

難関校・公立校の入試問題分析 2012

新年度が始まって、はや1カ月。
中学3年生はそろそろ「受験生」モードに切り替えていきたいところです。
その第一歩として、今年行われた難関国公立・私立校と
4都県の入試問題に挑戦してみませんか?
さらに、各校・都県の今年の出題傾向や来年に向けての対策について、
早稲田アカデミーの先生たちに解説してもらいました。

- ✓ 開成
- ✓ 筑波大学附属駒場
- ✓ 慶應義塾女子
- ✓ 市川
- ✓ 東京都立日比谷 自校作成問題
- ✓ 東京都立西 自校作成問題
- ✓ 東京都共通問題
- ✓ 神奈川県共通問題
- ✓ 千葉県共通問題
- ✓ 埼玉県共通問題

開成高等学校

男子校
所在地：東京都荒川区西日暮里4-2-4
電　話：03-3822-0741
URL：http://www.kaiseigakuen.jp/

2 左下の見取り図にある多面体Xは，以下の条件を満たす。

(i) 六角形ＡＢＣＤＥＦ，ＰＱＲＳＴＵはともに一辺の長さが２の正六角形である。

(ii) 平面ＡＢＣＤＥＦと平面ＰＱＲＳＴＵは平行である。

(iii) ６個の点A,B,C,D,E,Ｆから平面ＰＱＲＳＴＵに垂線を引き，交点をそれぞれA',B',C',D',E',F'とするとき，12個の点P,Q,R,S,T,U,A',B',C',D',E',F'を結んでできる十二角形A'ＰB'ＱC'ＲD'ＳE'ＴF'Ｕは正十二角形である。

(iv) 側面の三角形（△ＡＰＢ，△ＰＢＱ，△ＢＱＣ，…）はすべて，一辺の長さが２の正三角形である。

次の問に答えよ。

(1) 正十二角形A'ＰB'ＱC'ＲD'ＳE'ＴF'Ｕの面積を求めよ。

(2) △ＵA'Ｐの面積を求めよ。

(3) ＡＤとＢＥの交点をO，ＰＳとＱＴの交点をO'とする。
ＯO'の長さをｈとする。

(a) h^2 の値を求めよ。

(b) 多面体Xの体積をＶとするとき，$\frac{V}{h}$ の値を求めよ。

多面体Xの見取り図

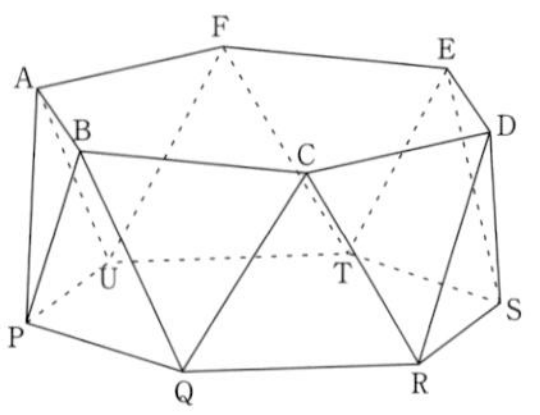

正十二角形A'ＰB'ＱC'ＲD'ＳE'ＴF'Ｕの面

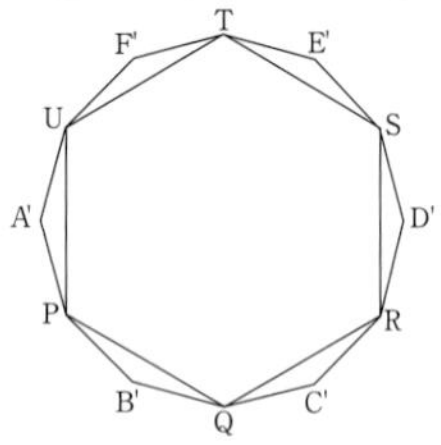

解説

多面体Xは、**図1**のように正十二角柱から三角すいA-UA'Pと合同な12個の三角すいを切り取ったものです。

(1) 正十二角形は**図2**の四角形O'UA'Pと合同な図形が6個集まった形と考えることができます(点O'は正十二角形の中心)。
四角形O'UA'Pの2本の対角線O'A'とUPは垂直に交わり、その長さはともに2であるから、ひし形の面積公式が使えて、
(四角形O'UA'Pの面積) $=\frac{1}{2}\times2\times2=2$
よって、(正十二角形の面積) $=2\times6=$ **12** ････**(答え)**

(2) 図2において、△O'UPは1辺が2の正三角形だから、
O'Hの長さは$\sqrt{3}$。よって、$A'H=2-\sqrt{3}$
ゆえに、$\triangle UA'P=\frac{1}{2}\times2\times(2-\sqrt{3})=$ **$2-\sqrt{3}$** ････**(答え)**

(3) (a) $OO'=AA'$、また、$AH=O'H=\sqrt{3}$ だから、
△AA'Hにおいて三平方の定理より、
$h^2=AH^2-A'H^2=(\sqrt{3})^2-(2-\sqrt{3})^2=$ **$4\sqrt{3}-4$** ･･･**(答え)**

(b) (図1の正十二角柱の体積) $=12h$、
(三角すいA-UA'Pの体積) $=\frac{1}{3}(2-\sqrt{3})h$ だから、
$V=12h-\frac{1}{3}(2-\sqrt{3})h\times12=(4+4\sqrt{3})h$
よって、**$\frac{V}{h}=4+4\sqrt{3}$** ･･･**(答え)**

図1

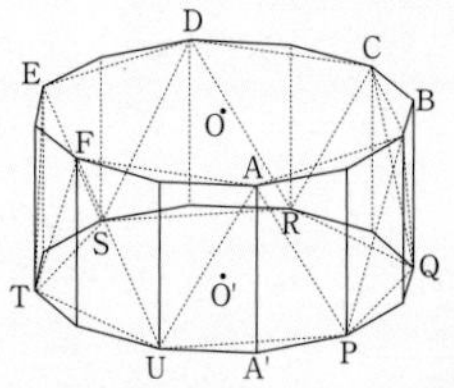

図2

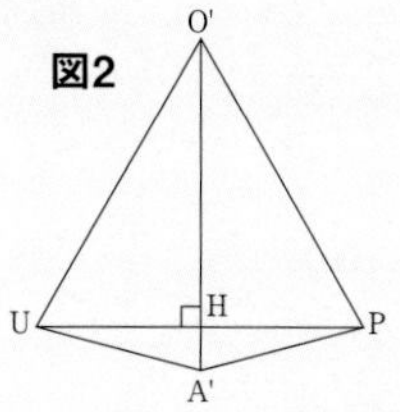

問題の分析と対策

英語

大問6題の構成です。大問1は設問がすべて英語で書かれていました。大問2は長文読解、大問3は対話文です。大問4は新傾向の図表の読み取り問題が出題されました。大問5は空所補充形式の文法問題、大問6はリスニングの問題です。「傾向がない」というのが開成の英語の傾向です。今後もさまざまな形式の問題が出題されると予想され、語彙《ごい》・文法といった基礎をしっかり固め、傾向にとらわれない力を身につける必要があります。

数学

難問が多かった昨年度とは異なり、今年度は取り組みやすい難度の低い問題でした。大問は4問で大問1は式の計算と二次方程式、大問2は立体図形、大問3は平面図形、大問4は関数で、全体的に流れが意識された問題構成でした。合格に不可欠なのが丁寧な記述と作問者の意図をくみ取る状況把握能力です。定理・公式の知識だけではなく、初見の状況把握能力の養成と場合分けも含めた積みあげの思考を身につけることが必要です。

国語

論説文、小説文、古文の大問3問という構成で、記述問題中心の傾向は変わっていません。今年は小説文が復活し、約5000字という長い文章でした。また、古文の記号問題も復活しています。

近年の傾向が続くと考えると記述問題への取り組みを強化する必要があり、その際に、読解力に根ざした記述力をつけることが重要になってきます。そのためには、国立校の過去問を用いた学習が効果的だと言えるでしょう。

理科

3年間続いた難化傾向から一転、今年度は易化しました。加えて記述問題が出題されませんでした。出題内容は、生物・地学分野では、よく出題される傾向である、リード文を読み、それに対して考察する問題です。これは深い知識がなくとも解くことができます。化学は化学電池について、物理は運動とエネルギーについての問題が出題されました。近年物理の出題が難しめになっています。丸暗記に頼らない柔軟な思考力を身につけましょう。

社会

歴史・地理・公民の3分野から例年通り大問1題ずつ出題されました。日本地理をベースにした出題が今年度の特徴です。また、短文記述とはいえ、記述問題も出題されています。全体としては用語記述と記号解答が中心で、出題傾向は例年通りです。ただ、出題レベルはかなり深い知識を問う問題も見られ、昨年同様に難化傾向にあります。基礎知識を量的に確保し、統計資料の判断能力、正誤判定問題に慣れておきましょう。

配点・試験時間

教科	配点	時間(分)
英語	100	50
数学	100	60
国語	100	50
理科	50	40
社会	50	40

筑波大学附属駒場高等学校

（男子校）

所在地：東京都世田谷区池尻4-7-1
電　話：03-3411-8521
URL：http://www.komaba-s.tsukuba.ac.jp/

英語

4 電子辞書(an electronic dictionary)と紙の辞書(a paper dictionary)とを比べて、電子辞書の方がよいという考え方と、紙の辞書の方がよい、という考え方があります。あなたはどう思いますか。また、その理由は何ですか。以下の①②の条件に沿って、あなたの考えを50語以上65語以内の英語で書きなさい。なお、印刷されている'I think'を含めて使用した語数を、解答欄の(　　)内に記入しなさい。

① 第1文は I think に続けて「～辞書は…辞書に比べてより○○○である」という記述から始めなさい。
② 次にその理由を2つ述べなさい。

解説

自分の意見を英作文する場合には、いきなり英語を書き始めるのではなく、設問をよく読み、求められていることを整理したうえで、自分が書く内容を日本語でメモ程度に下書きしてみましょう。それから書き始めると、話の流れがまとまった答案が書きやすくなります。

この問題は、なにをすべきかが明確になっているので、まずは電子辞書と紙の辞書とどちらがいいのかを決め、その理由を2つ考えます。そのときに、自分がどう思うかよりも、内容的に書きやすい方を話題として選ぶことが、まとまった答案を書くポイントです。

答案を書く際には、使い慣れていない単語や難解な構文を使うのではなく、日ごろからよく使う単語や、例文などでよく目にする使い慣れた構文を用いて表現するように心がけましょう。また、ケアレスミス（スペルミス、三人称単数の-s、名詞の単数や複数など）に注意しながら答案を作成することにも注意しましょう。

こういった問題ができるようになるためには、普段から、あるテーマについてまとまった文章を英語で書き、添削をしてもらうという学習をすることが大切です。また、解答のなかでも使っていますが、「this is because...」といった前の文の理由を表すときの決まった表現や、「also」などの論理をつなげる定型表現を、知識として覚えておくことも重要です。

〔解答例1〕

I think an electronic dictionary is more convenient than a paper dictionary. This is because an electronic dictionary is lighter than a paper dictionary, so you can carry it easily. Also, when you look up a word whose meaning you don't know, it takes less time to use a electronic dictionary than to use a paper dictionary.
(57語)

〔解答例2〕

I think a paper dictionary is more convenient than an electronic dictionary. This is because a paper dictionary needs no battery, so you don't have to get worried that the battery may run out. Also, if you drop your electronic dictionary, it will be broken easily but this is not true of a paper dictionary.　(55語)

問題の分析と対策

英語

大問1（リスニング）、2·3（長文読解）、4（英作文）という構成は例年通りでした。特徴としてはリスニングが書き取りを含むこと、長文読解に下線部和訳がないこと、英作文がいわゆる自由英作文型であること、長文読解の量が多いことなどがあげられます。

英文をある程度速く読める力の養成、文法的に正確な英文を書く訓練などが対策として必要不可欠です。また、長文読解の説明問題や英作文は第3者に添削してもらいましょう。

数学

今年も例年通り大問4題という出題形式。大問1と2は比較的解きやすい問題が多く、確実に正解できるようにしたいところです。大問3の平面図形は「変化をさせる」「状況を把握する」力を問う筑駒頻出の問題でした。

筑駒の数学は、計算の仕組みなどの総合的な学力と、短時間で正解するための処理力·判断力などが求められます。小手先のテクニックにとどまらない根本的な理解をしたうえで、良問を数多く解いて経験を積んでください。

国語

全体を通して、処理能力重視から思考力重視になりました。一般的な言い換えや説明以外に、思考力や発想力を問う、いわゆる新傾向問題が多く出ています。記述問題は減りましたが、難易度はかなりあがったと言えるでしょう。また、古文で仮名遣いを直す問題が復活していました。

来年以降に向けては、読解力をつける学習を繰り返したうえで表現力をつけ、そして表現の「意図」を考える学習をしましょう。

理科

例年同様、各分野からまんべんなく出題されているので、苦手分野を作らないようにすることが必要です。難問が多いことで有名ながら、近年は比較的解きやすい問題が出題されていた物理分野では、今年久々に難易度の高いバネの問題が出ていました。

筑駒の理科は丸暗記に頼らない知識の定着が必要とされます。また、物理分野の難問に対する練習は必須です。解きやすい問題で失敗しないことと、難問への対応力がカギになるでしょう。

社会

大問の数が4題と例年より減りましたが、総問題数はほとんど変わっていませんでした。正誤問題を中心に20字前後の記述が出題されるのも例年通り。大問1で取りあげられた世界遺産は、昨今の入試でよく出ますので注意しましょう。大問3の歴史の正誤問題では、高校世界史レベルの難問もありました。

全体的な傾向として、地理、歴史ともに日本と世界を融合させる形式が多く出題され、公民では幅広い知識が必要とされます。

配点・試験時間

教科	配点	時間(分)
英語	100	45
数学	100	45
国語	100	45
理科	100	45
社会	100	45

慶應義塾女子高等学校

女子校

所在地：東京都港区三田2-17-23
電　話：03-5427-1674
U R L：http://www.gshs.keio.ac.jp/

［2］図の△ABCに対して，解答用紙の図の中に、次のものを定規とコンパスを用いて作図しなさい。ただし，作図の際にかいた線等はすべて残しておくこと。

（1）ABを対角線とする正方形

（2）点B'は辺AB上，点C'は辺AC上の点であり，△AB'C'∽△ABCであって，△AB'C' = $\frac{1}{2}$△ABCとなる点B'と点C'

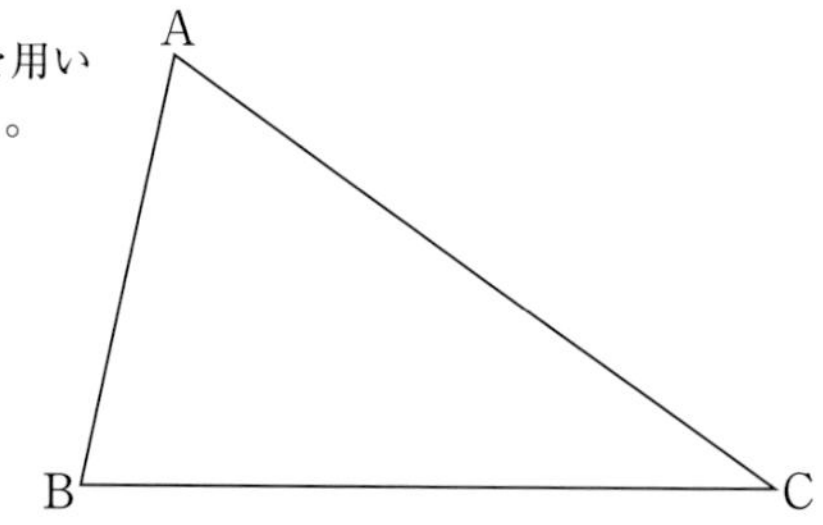

解説

相似な図形の面積比は相似比の2乗に等しいので、△AB'C'と△ABCの相似比は1:√2です。したがって、AB':AB＝AC':AC＝1:√2となるような点B'、C'の位置を作図で求めるわけですが、正方形の1辺と対角線の長さの比が1:√2であることを利用します。

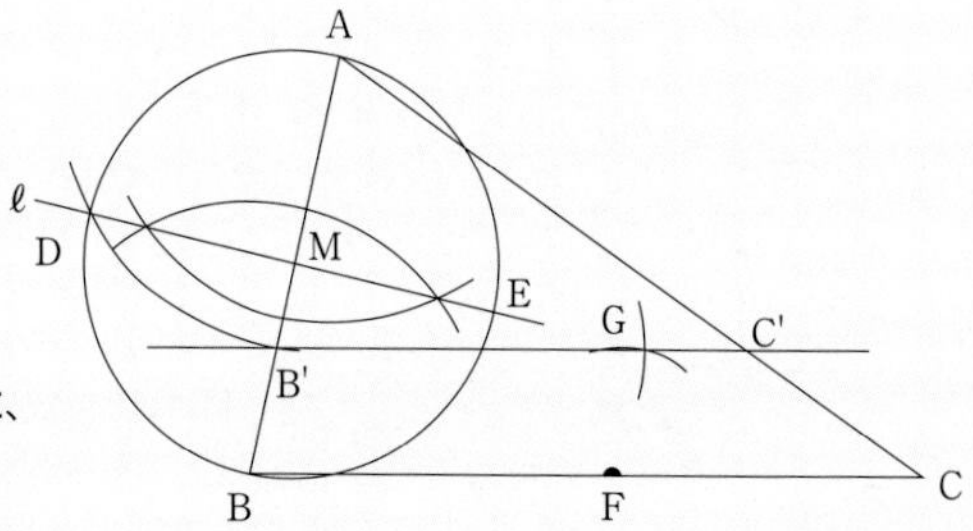

作図の手順

①線分ABの垂直二等分線ℓを引き、ABとの交点をMとする。

②Mを中心として、線分AMの長さを半径とする円をかき、直線ℓとの交点をD、Eとする。

③Aを中心として、線分ADの長さを半径とする円弧をかき、ABとの交点をB'とする。
四角形ADBEがABを対角線とする正方形となる

④辺BC上の適当な位置に点Fをとり、B'を中心として線分BFの長さを半径とする円弧と、Fを中心として線分BB'の長さを半径とする円弧をかいて、2つの弧の交点をGとする。

⑤直線B'GとACとの交点をC'とする。

〔解説〕②で四角形ADBEは正方形になりますから、AD:ABは1:√2。
また、⑤でBC//B'C'であり、△ABC∽△AB'C'となりますから、AC':AC＝AB':AB＝**1:√2**です。

問題の分析と対策

英語

リスニング、説明文、物語文という大問構成は昨年と同じですが、今年度は会話文の代わりにエッセイが出題されました。また、昨年物語文の最後に「自分でストーリーの続きを書く」という英作文の出題がありましたが、今年度は通常の英作文でした。長文読解については、基本知識の習得はもちろん、前後関係を「論理的思考」にもとづいて把握する力や、自分が考えていることを英語で表現する「運用力」を養う必要があります。

数学

大問数は昨年と同じでしたが、小問数が大幅に増えました。内容的にも難度の高い問題が増え、全体的に難化しました。作図が2年連続で出題され、調べるタイプの問題が増えたことが特徴です。工夫が必要な計算問題や得点源となり得る関数・図形、整数分野では、難問ではなく良問を数多く解くことが重要です。

記述式の答案なので、途中経過を簡潔に書くこと、図形や関数はフリーハンドで描くことを普段から意識しましょう。

国語

大問1が約2500字の随筆文、大問2が約600字の古文、大問3が約2800字の論説文という3題の構成です。

昨年度に続き、単独での漢字問題はありませんでした。解答根拠がつかみやすい「文脈型」の記述が多く、易しめの出題傾向でした。言語知識・古典知識を固め、客観的に文章内容をとらえた記述をめざす必要があります。塾の先生など第3者に記述を添削してもらい、独善的な記述に陥らないようにしましょう。

配点・試験時間

教科	配点	時間（分）
英語	非公表	60
数学	非公表	60
国語	非公表	60

市川高等学校 前期

（共学校）

所在地：千葉県市川市本北方2-38-1
電　話：047-339-2681
ＵＲＬ：http://www.ichigaku.ac.jp/

3　右の図のように立方体ＡＢＣＤ－ＥＦＧＨのすべての面に接している点Ｏを中心とする球がある。辺ＢＦの中点をＭとして，３点Ａ，Ｍ，Ｃを通る平面で球を切断したときにできる断面の円の面積が３πであるとき，次の問いに答えなさい。

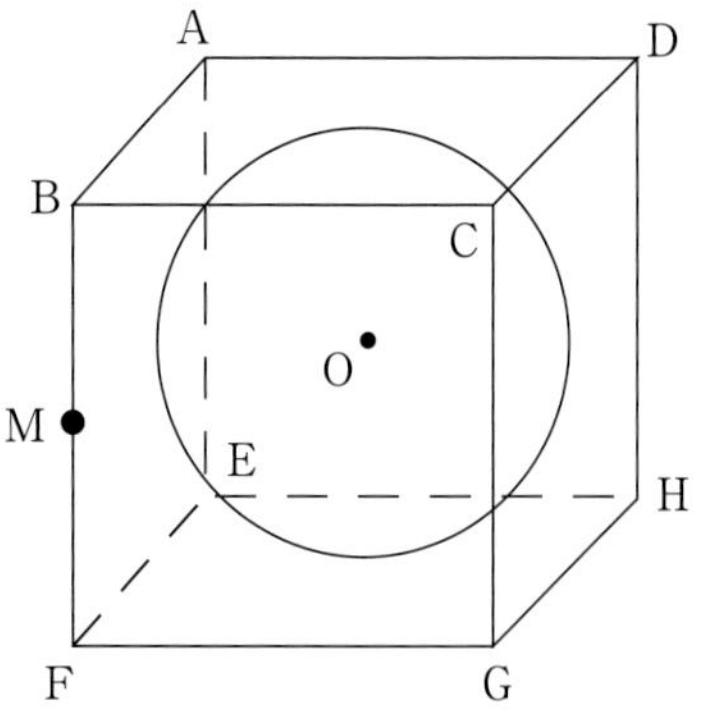

(1) ３点Ａ，Ｍ，Ｃを通る平面で球を切断してできた円の半径を求めなさい。

(2) (1)の円の中心をＰとし，球と面ＡＢＣＤとの接点をＴとする。５点Ｂ，Ｍ，Ｏ，Ｐ，Ｔは平面上にあることがわかっているものとして，次の①，②が成り立つことを証明しなさい。

①∠ＯＰＴ＝90°
②△ＴＰＯ∽△ＭＢＴ

(3) 立方体ＡＢＣＤ－ＥＦＧＨの１辺の長さを求めなさい。

解説

断面図をきちんと描き平面図形として考えることがポイントになります。

(1) 断面の円の面積が3πであることから、円の半径をｒとすると、$\pi r^2=3\pi$より、$r^2=3$
$r>0$だから、**$r=\sqrt{3}$**　**……(答え)**

(2) ① 5点B、M、O、P、Tは、右図のように面BFHD上にあり、面BFHDによってできる球Oの断面の円とMTとの交点をSとすると、

△OSPと△OTPにおいて
球Oの半径だから、OS＝OT
円Pの半径だから、PS＝PT
また、OPは共通
3辺がそれぞれ等しいので、△OSP≡△OTP
よって、∠OPS＝∠OPT
ゆえに、$\angle OPT=\frac{1}{2}\angle SPT=90^\circ$

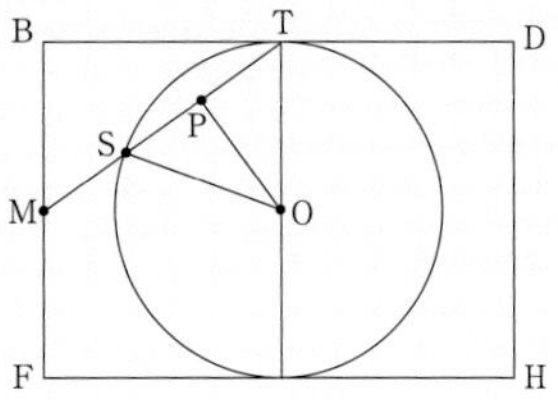

② △TPOと△MBTにおいて
①より、∠OPT＝∠TBM
BTは円Oの接線だから、BD⊥TO
よって、BM//TOだから、∠OTP＝∠TMB
2組の角がそれぞれ等しいので、△TPO∽△MBT

(3) 立方体の1辺の長さをaとすると、
$BM=\frac{1}{2}a$、$BT=\frac{1}{2}BD=\frac{\sqrt{2}}{2}a$
よって、$PT:PO=BM:BT=1:\sqrt{2}$
(1)より、$PT=\sqrt{3}$だから、$PO=\sqrt{6}$
三平方の定理より、$TO=\sqrt{PT^2+PO^2}=3=\frac{1}{2}a$
よって、**a=6**　**……(答え)**

問題の分析と対策

英語

今年の問題は長文問題と独立小問で構成されています。独立小問は同義文完成と発音問題です。同義文完成は全問正解が望ましいレベルで、最低でも8割の得点は確保すべき問題でした。

近年、英文の難化が加速しています。接続語の把握や指示語の読み取りなど国語的な側面に加え、毎年出題されている和訳問題の対策が不可欠ですので、英語の先生に添削してもらうのが効果的でしょう。

数学

大きな特徴としては平面図形の出題がなく、その代わりここ2年出題のなかった立体図形が出題されました。

例年と形式・傾向が変わり、戸惑った生徒が多かったのではないでしょうか。このことから単なる公式暗記などを学習している生徒ではなく、解法を理解し説明できる生徒をほしがっている学校の意図が推測されます。

問題の難易度は高いものではないので、丁寧に解く習慣を身につけましょう。

国語

例年通り、説明的文章、文学的文章、古文の3題が出題されました。文章問題は読みやすい文章だったと思われます。古文も例年に比べると非常に易化したといえます。

市川高校の記号問題は非常に難しいです。紛らわしい記号が多く、文章内の根拠となる箇所を素早く探し出す能力が必要です。要点記述の練習は必須で、鑑賞文の練習、文学史の暗記も効果的です。古文は基本知識を身につけ多く解く練習をしておきましょう。

配点・試験時間

教科	配点	時間(分)
英語	100	50
数学	100	50
国語	100	50

東京都立日比谷高等学校

共学校　所在地：東京都千代田区永田町2-16-1　電　話：03-3581-0808
URL：http://www.hibiya-h.metro.tokyo.jp/

数学

自校作成問題

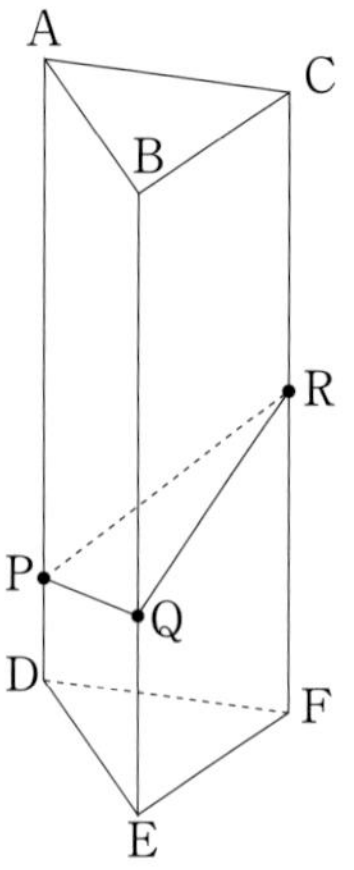

4　右の図に示した立体ABC－DEFは，
AB＝BC＝CA＝6cm，AD＝24cmの正三角柱である。

点Pは，頂点Dを出発し，辺DA上を毎秒1cmの速さで動き，24秒後に頂点Aに到着し，止まる。

点Qは，点Pが頂点Dを出発するのと同時に頂点Eを出発し，辺EB上を毎秒2cmの速さで動き，12秒後に頂点Bに到着し，止まる。

点Rは，点Pが頂点Dを出発するのと同時に頂点Cを出発し，辺CF上を毎秒3cmの速さで動き，8秒後に頂点Fに到着し，止まる。

点Pと点Q，点Qと点R，点Rと点Pをそれぞれ結ぶ。

点Pが頂点Dを出発してからの時間をx秒とするとき，次の各問に答えよ。

〔問1〕EF//QRとなるとき，xの値を求めよ。

〔問2〕x＝6のとき，△PQRの面積は何平方cm²か。

解説

問1、問2とも点の移動の問題としてはよく出題される形です。ここでは、始点や移動の速さ、それぞれの点が同時に出発するのか、時間差があるのかなどの条件をよく読みとって、ミスを出さないように注意することが大切です。

〔問1〕EF//QRのとき、四角形QEFRは長方形だから、QE＝RF
x秒後のQE、RFの長さは、それぞれ$2x$ (cm)、$24-3x$ (cm)だから、
EF//QRとなるとき、$2x=24-3x$が成り立つ。
これを解いて、$x=\frac{24}{5}$

〔問2〕x＝6のとき、PD＝FR＝6(cm)、QE＝12(cm)
図1のように、線分PRを含み、底面DEFに平行な平面と辺BEとの交点をSとすると、PS＝QS＝RS＝6(cm)、また、∠QSP＝∠QSR＝90°だから、△QSPと△QSRは合同な直角二等辺三角形で、斜辺の長さは$6\sqrt{2}$ cmある。
よって、△QPRは**図2**のような二等辺三角形となるので、その高さは三平方の定理より、$QH=\sqrt{PQ^2-PH^2}=3\sqrt{7}$(cm)
したがって、$\triangle QPR=\frac{1}{2}\times6\times3\sqrt{7}=\mathbf{9\sqrt{7}(cm^2)}$

図1

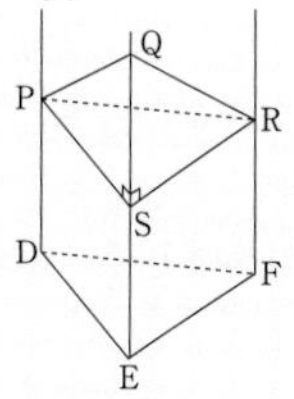

図2

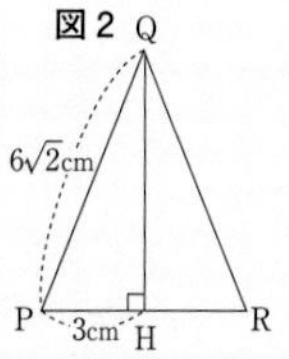

問題の分析と対策

英語

長文、とくに対話文は内容がユニークなので、さまざまな英語の文章に触れることが大切です。また、単なる英語力だけでなく、心情の変化をとらえる読解力や文脈を見通す力が必要とされるので、先生に英作文を添削してもらいましょう。空欄に英語を入れる問題も多いので、多読と速読の訓練もしましょう。

数学

ここ数年の傾向としては、四角柱・四角すいの動点を中心とする出題がめだちます。対策としては、設問に応じて、フリーハンドで図を描き、平面的に処理する練習が必要です。

今後も難易度を考えて、臨機応変に対応する力を身につけ、部分点を狙う解き方を練習しておく必要があります。

国語

文学的文章・説明的文章・韻文（古文）を含む説明的文章の大問3題構成に変化はありませんでした。全体的に時間配分に十分注意する必要があります。

今後の学習としては、限られた時間のなかで、しっかりと解答根拠を押さえ、スピーディーに解答を出す訓練をすることが大切です。

東京都立西高等学校

共学校
所在地：東京都杉並区宮前4-21-32
電　話：03-3333-7771
URL：http://www.nishi-h.metro.tokyo.jp/

問題の分析と対策

英語

問題数が増え受験生には苦しかったかもしれません。ただし、会話文の設問は比較的簡単だったため素早く解くことができたと思われます。

今後の勉強については、国語力が問われる問題がありますので、国語の学習も大切にしてください。なお、英作文・英文法も出題されているので、細かい学習にも手を抜かないようにしましょう。

数学

難易度は例年通りでした。来年以降の対策としては、教科書レベルの基本的な考え方や解法などを定着させたうえで、応用問題に取り組む必要があります。とくに関数・図形では媒介変数などの文字の使用、面積の求積などに十分に慣れておきましょう。また、日ごろから途中式などを書きながら解答に臨む習慣を徹底しておきましょう。

国語

漢字の読み書きでは、四字熟語の読み書き、読み取りは難易度の高いものを、書き取りは基本的なものを学習しましょう。

小論文、論説文、和歌の鑑賞文は記述問題でどれだけ得点できるかがポイントになるので、普段の勉強では文章の要点・要旨をとらえ、文章中の言葉を使って記述できる力を養うことが大切です。

国語

自校作成問題

1　次の各文の―を付けた漢字の読みがなを書け。

(1) 本のページを繰る。
(2) 武芸の極意を伝授する。
(3) 卓抜な着想で人を驚かす。
(4) 緩急を付けた投球が見事である。
(5) 刻苦勉励して大事業を成し遂げる。

2　次の各文の―を付けたかたかなの部分に当たる漢字を楷書《かいしょ》で書け。

(1) 彼の話はウるところ大である。
(2) 遅きにシッした感をいなめない。
(3) 原油から良質な石油をセイセイする。
(4) けんかのチュウサイに入ったがうまくいかなかった。
(5) 日本人はイシンデンシンで通じることを好む傾向がある。

解答
(1) く(る)　(2) ごくい　(3) たくばつ　(4) かんきゅう　(5) こっくべんれい
(1) 得(る)　(2) 失(した)　(3) 精製　(4) 仲裁　(5) 以心伝心

東京都 共通問題

英語

2 次の各問に答えよ。
（*印の付いている単語・語句には，本文のあとに〔注〕がある。）

1 SusanとHarukaが開園（午前9時）直後の動物園で話をしている。(A)及び(B)の中にそれぞれ入る単語・語句の組み合わせとして正しいものは，下のア～エのうちではどれか。ただし，下のⅠは，二人が見ている，飼育員が来園者に動物の説明をする予定表である。

Ⅰ　*Schedule for *Zoo-keeper Talks about Animals

Susan: I want to listen to zoo-keeper talks about all of these four kinds of animals today.
Haruka: Me, too. Which animals do you want to visit first?
Susan: The penguins.
Haruka: Good. Let's visit them at nine thirty. Where do you want to go next?
Susan: I want to go to the monkeys.
Haruka: Well.... Look. If we do that, we won't be able to listen to a zoo-keeper talk about the (A) today.
Susan: Oh, you're right. So let's visit them after the penguins. Then let's eat lunch.
Haruka: OK. After lunch, let's visit the koalas at (B). After that, let's visit the monkeys.

〔注〕schedule 予定　zoo-keeper talk 飼育員による説明　monkey サル　penguin ペンギン

ア　(A) lions　(B) nine thirty
イ　(A) koalas　(B) nine thirty
ウ　(A) lions　(B) twelve thirty
エ　(A) koalas　(B) twelve thirty

解説

会話調の英文を読み、その内容を理解できるかを問う問題ですが、問題文中で使われている単語や構文は基本的なものばかりです。日ごろから、英文を読み解く学習ができていることが重要になります。加えて、2人の会話の内容を対比させながら、左の表と合わせ、それぞれのセリフがどこの部分を話しているのかを整理しながら全体の内容が追えたかが、正解の決め手となります。とくに、Harukaの3つめのセリフで、その前で述べられていた考えが変化していることに気づかなかった人は、正解にたどりつけなかったのではないでしょうか。

この問題を読み解くためには、基本的な語彙《ごい》力をつけると同時に、まとまった英文を読み、全体の話の流れをきちんと追えるように学習することが大切です。一文一文の日本語訳にとどまるのではなく、それぞれの文の内容的な関連性にまで視野を広げて学習を進めていくようにしましょう。

〔解答〕 ウ

問題の分析と対策

英語

都立高校共通問題の特徴は、熟語の穴埋めや書き換えなどのいわゆる文法問題は出題されず、すべてが内容をとらえる必要がある読解問題という点です。全体をとおして問題のレベルは似通っていますので、すべての問題を最後まで解ききるという姿勢と英語力が必要です。時間配分を考えると、1問ずつに時間をかけ過ぎると全体の時間が足りなくなるかもしれません。過去問演習から時間をしっかり計り、要点を素早くとらえられるようにしてください。

数学

大問数が5題で、順に基礎的な問題と作図、整数、関数、平面図形と証明、立体図形という流れは例年通りでした。大問1は平易な問題が多く、確実に押さえたいところです。大問2は、(1)はともかく(2)の証明は難易度が高かったのではないでしょうか。

出題内容に変化がないので、教科書レベルの知識や解法の定着、そして整数、関数、平面図形、空間図形の応用演習が必要不可欠になります。独自問題の過去問演習も有効です。

国語

大問構成は漢字の読み書き、文学的文章、説明的文章、漢文を含む対談の文章と、大きな変化はありません。文学的文章で50字の記述式が1問あるほかは、すべて選択式です。

全体を通じて、設問そのものには癖がないので、本文をしっかり読み込み、落ち着いて解いていけば正答を得られます。対策としては、文学的文章·説明的文章·古文をバランスよく学習し、選択式問題を解けるように本文中で解答根拠を押さえる訓練をしましょう。

理科

出題形式は昨年とあまり変わりませんでした。都立の共通問題は、例年難易度はそれほど高くありませんが、選択肢の問題が非常に多いのが特徴です。また、記述式問題も出題される実験・観察問題では、有名な実験や観察に関するものが出題されるケースが多いので、学校で行った実験や、問題集に出てくる実験の手順·結果などの一連の流れを確認することが大切です。知識で解ける問題も多く、正確な知識の習得が高得点のポイントになるでしょう。

社会

地図·グラフなどの資料が多く使われ、それを通して資料を読み取ったり、自分の考えを述べる問題が多く、3～5年ぶんの過去問に目を通すことで傾向はつかめるでしょう。地理分野では資料集などを活用して基礎的なデータを覚えること、歴史分野では歴史用語と時代との相関関係をつかむこと、公民分野では、基礎的な事項の知識定着·理解と、ニュースでよく取りあげられる事項に関心を持っておくことをまず意識しましょう。

配点・試験時間

東京都立共通問題·
日比谷高校·西高校自校作成問題

教科	配点	時間(分)
英語	100	50
数学	100	50
国語	100	50
理科	100	50
社会	100	50

神奈川県 共通問題

英語

問2 次の英文は，高校生の香織が，キャンプの思い出について書いた文章の一部です。右の［　］の中の日本語を参考にし，英文中の──線（ア）～──線（エ）の（　）の中に入れるのにそれぞれ最も適する１語を英語で書きなさい。ただし，**答えはすべて（　）内に指示された文字で書き始めなさい。**

When I was (t　　)(ア) years old, I went camping on a mountain with my family. We stayed there for a (n　　)(イ). After the sunset, we saw a lot of stars in the sky. My brother said. "I have never seen such beautiful stars!" I thought so, too.

Before I went, I didn't think camping was fun because I couldn't (w　　)(ウ) TV on the mountain.

But I enjoyed cooking outside, talking with my family and sleeping in a tent (t　　)(エ). I found there are many fun things to do in nature.

> 私は13才のときに、家族と山にキャンプに行きました。私たちはそこに一晩泊まりました。日が沈んだ後、空にあるたくさんの星を見ました。弟は、「こんなにきれいな星を見たことがない!」と言いました。私もそう思いました。
>
> キャンプに行く前、山の中ではテレビを見ることができないので、キャンプは楽しくないと思っていました。でも、野外で調理をしたり、家族と話したり、テントの中で一緒に寝たりするのを楽しむことができました。自然の中には楽しくできることがたくさんあることに気づきました。

〔解答〕 **（ア）thirteen　（イ）night　（ウ）watch　（エ）together**

解説

英文と日本文を見比べて、どの日本語にあたる部分が空所にされているのかを見抜けたかどうかがポイントです。ただし、意味だけを考えるのではなく、空所に「どの品詞が入るのか」という文法上の視点でも考えることを怠らないように。記述式の問題であるため、意味だけでなく、スペルも間違えないようにしなければなりません。

英単語のレベルとしては基本的なものが出題されており、日ごろから英語の基本的な語《ご》彙《い》力を着実に身につけているかが問われています。その単語の意味だけではなく、スペルや品詞もいっしょに知識として身につけることを心がけましょう。

問題の分析と対策

英語

大問7題の出題形式は例年通りでした。問1はリスニングです。リスニングの問題はそこまで難しくはありませんが、配点の2割を占めるので重要です。問2～4は文法問題で、単語・適語選択・語順整序が出題されました。問5～7は、対話文や資料を中心にした長文読解です。今年度は読解問題でやや難度があがりました。

来年度からの読解問題対策として、教科書の基礎基本の学習とたくさんの長文に触れておく必要があります。

数学

出題形式の大きな変動はなく、例年通りでした。問1・2では、計算問題と基礎的な一行問題が出題されました。問3～7は大問形式で、重要単元の出題がなされています。今年度入試からは新課程での作問になっているので、新課程で追加された学習内容である解の公式を用いる問題や、相似の図形と面積比を利用する問題が出題されました。また、証明問題では、誘導形式の穴埋めが、例年の記号ではなく記述形式に変更されました。

国語

大問4題の出題は例年通りで、出題形式に変動はありませんでした。知識問題では「賛嘆」「塗布」といったやや難しい熟語の読みが出題されるなど、出題レベルが少し高くなっていました。また、読解問題の選択肢も例年の問題よりも選びにくいものが増えています。問題に使用された文章は中学生でも十分に読み取れる内容ですが、心情理解については、文章のなかからその心情の根拠となる表現を探す練習をする必要があるでしょう。

理科

出題は大問8題、そのうち4題は「小問集合」の形式で基礎基本を問われる内容でした。残りの大問は、「化学・物理・生物・地学」の4分野それぞれの実験・観察問題が出題されました。

また、気象に関する問題では、今年度初めて記述形式の問題が出題されました。表現力を重視するという意図が作問側にみられます。事象の意味をしっかりと理解し、自分の言葉で説明できるレベルまで学習を深めていく必要があります。

社会

大問6題の形式です。地理・歴史・公民の3分野から偏ることなく出題され、教科書の内容を正しく理解しているかを試す問題が多く見られます。今年度は円高と為替相場のメカニズムや、歳入の内訳に関する記述問題がやや難問でした。資料の読み取りや物事の因果関係など、類題演習は欠かせません。

一方で記述問題も出題されますので、知識を単純に暗記するだけではなく、事象の意味をとらえられるようにしっかりと学習しましょう。

配点・試験時間

教科	配点	時間(分)
英語	50	50
数学	50	50
国語	50	50
理科	50	50
社会	50	50

千葉県 前期 共通問題

3 次の会話を読んで，あとの(1),(2)の問いに答えなさい。

父　「去年の夏は，使用電力が，電力会社の供給電力を上回る可能性があるということで，みんなが節電を意識したね。A市で，1,000世帯を無作為《むさくい》に抽出《ちゅうしゅつ》して，節電に関する実態調査を行ったところ，新たに省エネタイプのエアコンを購入したのは，12世帯あったそうだよ。」

ますみ　「そうするとA市は全部で30,000世帯なので，省エネタイプのエアコンを購入したのは，およそ［①］世帯と推定（推測）できるね。」

父　「節電といえば…。お父さんの会社で建物を増築したときに，よく使う照明には節電効果の高いLED電球を，それ以外の照明には白熱電球を取り付けたんだ。LED電球と白熱電球の購入代金は合わせて122,000円で，消費電力の合計が1,600Wだったそうだよ。」

ますみ　「資料1から考えて計算してみると，お父さんの会社ではLED電球を［②］個，白熱電球を［③］個取り付けたということになるね。ところで，LED電球と白熱電球では，**総費用**※1にどれくらい差があるのだろうか。」

資料1　LED電球1個と白熱電球1個の比較（電球の値段は，消費税を含む。）

	LED電球	白熱電球
値　段	3,000円	100円
消費電力	10W	60W

※1　総費用は,ある期間内にかかった電気料金と電球の購入代金の合計とする。

(1) ［①］～［③］に入る数をそれぞれ求めなさい。

(2) ますみさんは，会話中の下線部について調べ，次のページの［　］のようにまとめました。［④］～［⑧］に入る最も適当な数や文字式をそれぞれ書きなさい。

ますみさんのまとめたこと

LED 電球と白熱電球の総費用の比較

ある照明一箇所の1か月の使用時間を200時間として，**資料1**の2種類の**電球を使用した場合**※2について，下の**資料2**をもとに，使い始めてからの総費用を比較する。

資料2　電球1個の寿命と電気料金（電気料金は，消費税を含む。）

	LED電球	白熱電球
寿命（使える時間）	40,000時間	1,000時間
電気料金（1時間あたり）	0.23円	1.38円

それぞれの電球1個は，LED電球で［④］か月間，白熱電球で5か月間使用できることになる。

LED 電球の場合　xか月間の総費用をy円とすると，

$0 \leqq x \leqq$［④］で，y＝［⑤］$x+3000$　‥‥となる。

白熱電球の場合　xか月間の総費用をy円とすると，

$0 \leqq x \leqq 5$ で，y＝［⑥］

$5 \leqq x \leqq 10$ で，y＝［⑦］

…となる。

白熱電球の場合，xとyの関係をグラフ※3に表すと，次のようになる。

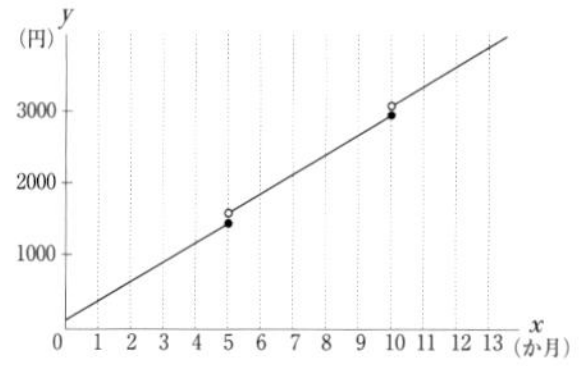

わかったこと

総費用を月ごとに比べると，LED電球の総費用は，［⑧］か月までは白熱電球の総費用より高いが，次の月以降は，安くなることがわかる。

※2　電球は,寿命期間の途中で切れないものとし,その期間が過ぎたら交換することとする。
※3　電気は,常に一定量使用するものとし,グラフは直線で表すことにした。

解説

① $30000 \times \frac{12}{100}$より　**360（答え）**

②,③LEDをx個,白熱電球をy個とすると

$$\begin{cases} 10x+60y=1600 \\ 3000x+100y=122000 \end{cases}$$

$x=40$…②　$y=20$…③（答え）

④40000÷200＝200　**200…（答え）**

⑤0.23×200＝46　**46…（答え）**

⑥1.38×200＝276より　**$276x+100$…（答え）**

⑦電球を買い足すので　**$276x+200$…（答え）**

⑧グラフに$y=46x+3000$の直線を描きこむと、$10 \leqq x \leqq 15$の区間で白熱電球の線分と交差すると推測できる。そのときの白熱電球のxとyの関係は$y=276x+300$。$46x+3000<276x+300$を解いて、$x>\frac{270}{23}$　**11カ月…（答え）**

問題の分析と対策

英語

難易度、問題構成は昨年とほぼ同じで、大問1～3(リスニング)、大問4(単語の穴埋め)、大問5(文法問題)、大問6(英作文)、大問7(短めの文章)、大問8(長文問題)、大問9(対話文)でしたが、今年は図表の問題は出題されませんでした。

難しすぎるわけではないので、中学3年間で身につけるべき文法、単語、熟語を確実に学び、長文読解を中心に学習することが大切です。また、英作文は必ず練習しておきましょう。

数学

大問数は例年通り5題。大問1は基本的な計算問題が6問、大問2は立体の表面積や角度、確率などの基本的な小問5問と作図の問題、大問3はLED電球と白熱電球の比較をする連立方程式の問題2問。大問4は二次関数と正方形について2問、大問5は平面図形の合同について、穴埋め式の問題と証明を完成させる問題と、面積を求める問題です。標準的な問題を繰り返し学習し、徐々に処理スピードをあげていきましょう。

国語

昨年と同様、大問7問の構成で、大問1は聞き取り問題、大問2は漢字の「読み」が4問、大問3は漢字の「書き」が4問、大問4は国語の知識、大問5は文学的文章の問題、大問6は説明的文章の問題、大問7は古典という出題内容でした。今年度の大きな特徴として漢文の問題で「意味の理解」がありました。漢字や知識問題は教科書だけでなく広範囲の学習が必要です。文章題については主題・要旨を意識して文章を要約できる力をつけましょう。

理科

4分野からそれぞれ出題され、大問9問、小問数33題という構成でした。問題はすべて教科書に載っている有名な問題・実験であり、限定された単元から出題されています。易問、難問がはっきり分かれており、時間配分、問題の取捨選択が大きく勝負を分けたでしょう。教科書レベルの知識の定着が絶対条件であり、各単元の重要語句・実験手順・観察結果などが例年出題されるので、「まとめノート」を作るといいでしょう。

社会

例年通り大問が8問で、千葉県絡みの融合問題、日本地理、世界地理、歴史2題、公民3題の問題構成です。昨年度より2点配点の問題がなくなり、単純なミスが大きく響きます。記述問題が近年増加傾向にあり、昨年度の3題から今年度は4題へと増えました。全分野均等に出題されるので教科書をしっかり読むことが大切です。時事分野に対しては新聞などに目を通し背景を理解しておくべきです。千葉県の問題は過去問をよく研究しましょう。

配点・試験時間

教科	配点	時間(分)
英語	100	50
数学	100	50
国語	100	50
理科	100	50
社会	100	50

埼玉県 共通問題

数学

3 右の図で，曲線は関数 $y=ax^2$ のグラフであり，曲線上に，x 座標がそれぞれ-5，5の点A，Bをとります。点Aを通り傾きがこの曲線の式の係数と同じ a である直線と，この曲線との交点をDとします。点Bから直線ADへ垂線をひいたときの交点をCとしたとき，点Cの x 座標は正であり，△ABCの面積が 20cm^2 となりました。

このとき，次の各問に答えなさい。

ただし，$a>0$ とし，座標軸の単位の長さを1㎝とします。（11点）

（1）a の値を求めなさい。（5点）

（2）線分ＣＤの長さを求めなさい。（6点）

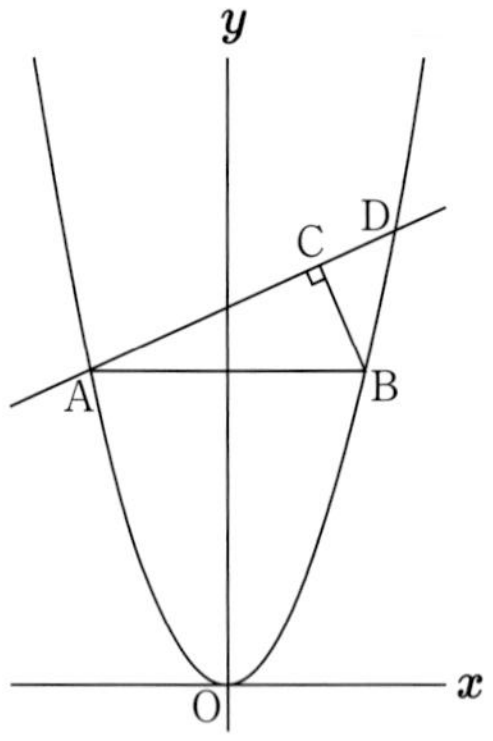

解説 この問題のポイントは二次関数という単元でありながら、二次関数や一次関数の知識を活用せずに、平面図形の知識を用いて解かなければならないということです。

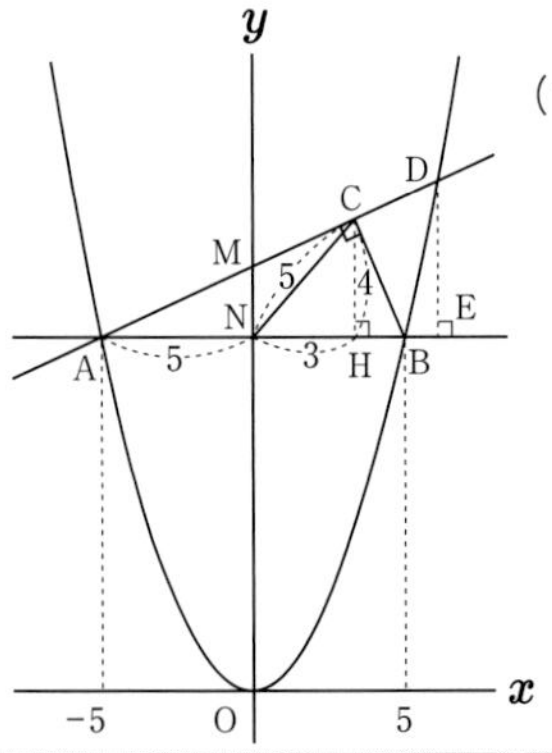

(1) 図のようにM,N,H,Eをおくと
∠ACB=90°より
Nは△ABCの外心であり、
NC=NA=5
また、△ABC=20より CH=4
したがってNH=3
よって、$a=\frac{\text{CH}}{\text{AH}}=\frac{4}{5+3}=\frac{1}{2}$ **(答え)**

(2) (1)より点C $\left(3, \frac{33}{2}\right)$
直線AD: $y=\frac{1}{2}x+15$ となり
M(0, 15)
$\begin{cases} y=\frac{1}{2}x^2 \\ y=\frac{1}{2}x+15 \end{cases}$ を解いて
$x=-5$、6より
D(6,18),点Eの x 座標も6

CはMDの中点なので
$\text{CD}=\frac{1}{2}\text{MD}$
$\text{MD}=\sqrt{6^2+3^2}=3\sqrt{5}$
$\text{CD}=\frac{3\sqrt{5}}{2}$ (答え)

問題の分析と対策

英語

試験構成と配点は昨年度と同じで、大問5題が出題されました。難易度はここ数年と比較して易しかったと言えますが、リスニング問題は読まれるスピードが速く、28点という高配点に加え、難度があがってきているという印象です。自由英作文は昨年度と形式が若干変わり、解答へのヒントが多く、例年と比べて短時間で解ける問題でした。基本文法をしっかり身につけて易しい問題で失点しないように学習する必要があります。

数学

昨年度より下がると予想された難易度は、実際は高くなっていました。大問4題、小問21題の形式は例年とほぼ同様。しかし、大問1の後半から難問が続き、例年以上に厳しい問題構成となりました。平成11年度以降出題されている「紙の折り返し」の問題は出題されましたが、穴埋め形式の問いは初めてです。また、「表現力をみる問題」も例年出題されています。難易度があがっていますので、応用問題にも取り組みましょう。

国語

問題構成は昨年と同様で小説文、論説文、漢字の読み書き、文法・語句等、古文（漢文含む）、課題作文の5題でした。複数の「キーワード」が与えられ、それをもとにまとめる形式の記述問題が例年出題されています。論説文では科学や情報に関するテーマが近年よく出ています。どの問題も難易度はそれほど高くありませんが、埼玉は文章題が長文であり、記述問題が多いことが特徴なので、普段から記述問題を意識した学習が必要です。

理科

例年通り大問5題の構成です。大問1は小問集合形式の出題で、残りの大問4題は物理、化学、生物、地学の4分野から1題ずつ出題されました。内容は例年と比べ易しくなっています。実験・観察の結果からグラフを作成する問題、作図をする問題、データを用いて計算し実験・観察する問題、結果を導き出す記述問題など、出題の幅はこれまで同様広範です。知識を丸暗記するだけではなく、それらの事柄の意味まで理解することが大切です。

社会

世界地理、日本地理、前近代史、近代史、公民、分野横断問題の6問構成は例年と変わりませんでした。レベルは易しめで、教科書に沿った基礎的な出題内容となっていますが、文章で答えさせる記述問題が6題34点ぶんと多いのが特徴です。また、図表やグラフの使用も増えていますので、資料を読み取る能力も求められています。大問1で世界地図、大問2で日本地図と地形図、大問4で略年表を使った出題がなされるのも埼玉の特色と言えます。

配点・試験時間

教科	配点	時間(分)
英語	100	50
数学	100	50
国語	100	50
理科	100	40
社会	100	40

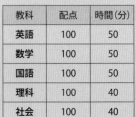

2012年

やる気がUPする 文房具

長い時間勉強するときに使う文房具はやはり自分に合った、好きなものを使いたい。そっちの方が気分もいいし、勉強もはかどるはず。だから結構文房具にこだわる人も多いんじゃないかな。そんなみんなに、今回はやる気がUPする文房具の数々を紹介しよう。これらを使って勉強すれば実力もぐんぐん伸びる?

スタイルフィット　3色ホルダー210円、5色ホルダー262円、ゲルインクボールペンリフィル105円など
三菱鉛筆株式会社

自分にあった機能とスタイルでオンリーワンのペンを作る

ボディには多くのデザインが揃い、回転式の高級感あふれるものも。また、リフィルにはゲルインクボールペン、油性ボールペン、シャープと、幅広い種類から好みの機能を選べるようになっている。

スリッチーズ3色軸　おとぎ姫コレクション【限定品】
210円　専用リフィル105円　ぺんてる株式会社

キュートでロマンチックな1本

鮮やかなカラーのスリッチーズに新たに加わった「おとぎ姫コレクション」。ちょっと大人っぽいロマンチックな配色が揃っており、女の子は1本持ってると友だちに自慢できる可愛さだ。

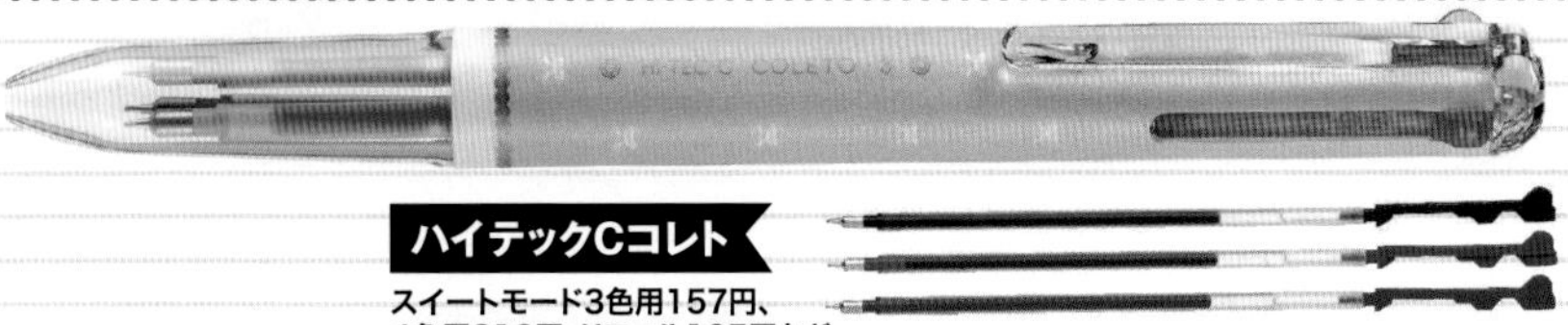

ハイテックCコレト
スイートモード3色用157円、4色用210円、リフィル105円など
株式会社パイロットコーポレーション

好きな色を組み合わせて作る自分専用オリジナルペン

コレトはノック部がインクと同色になっているので一目で色がわかるのが特長だ。ボディやリフィルの種類も多様でシャープユニットや消しゴムユニットなど、完全オリジナルの1本を作ることができる。

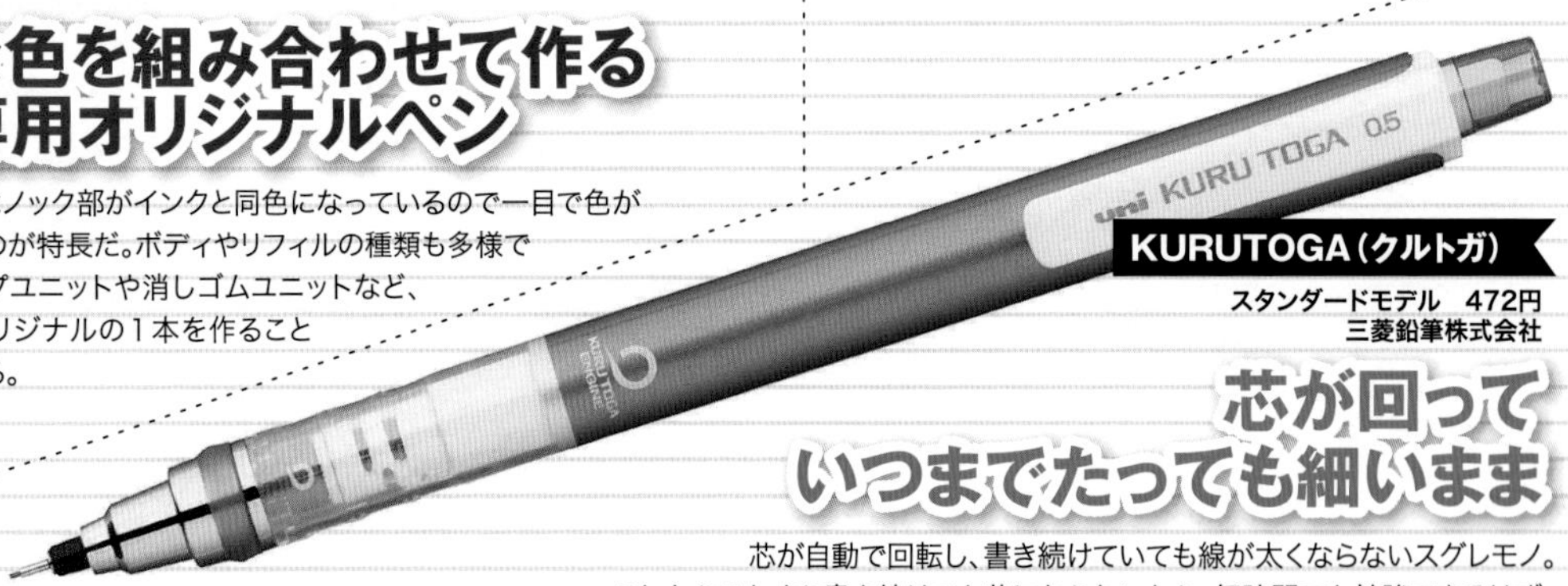

KURUTOGA（クルトガ）
スタンダードモデル　472円
三菱鉛筆株式会社

芯が回っていつまでたっても細いまま

芯が自動で回転し、書き続けていても線が太くならないスグレモノ。これならひたすら書き続けても苦にならないから、何時間でも勉強できるはず。

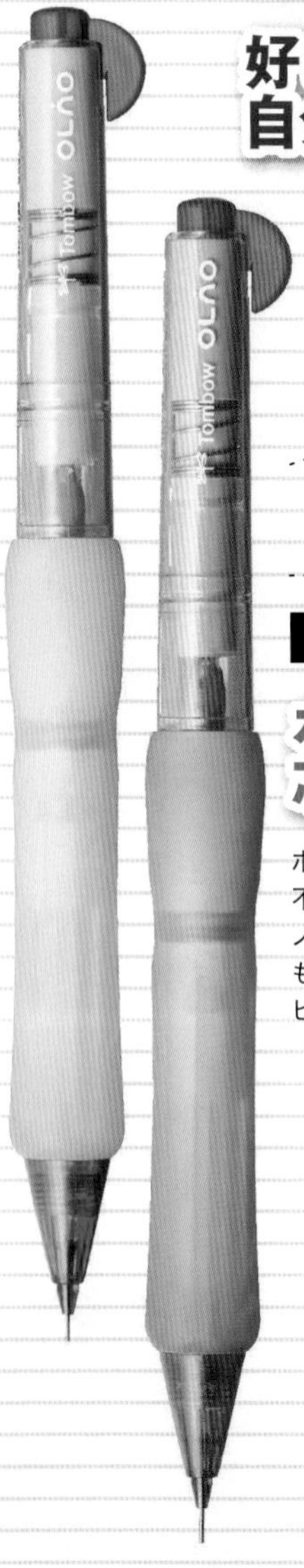

オルノ　315円
株式会社トンボ鉛筆

ボディを折ると芯が出る!?

ボディの真ん中をポキッと折ると芯が出てくる不思議なシャープペン。この新感覚のボディノックはきっとクセになる。可愛いカラーも揃っているので個性派のキミにはピッタリ。

ノックFシャープ　105円
サンスター文具株式会社

鉛筆？ シャープペン？ しかもそれだけじゃない！

一見鉛筆に見えるけど、じつはシャープペン。しかもノックしなくても、芯が減って鉛筆の芯に見える部分が紙に触れると勝手に芯が出てくるようになっているから2度驚きだ。

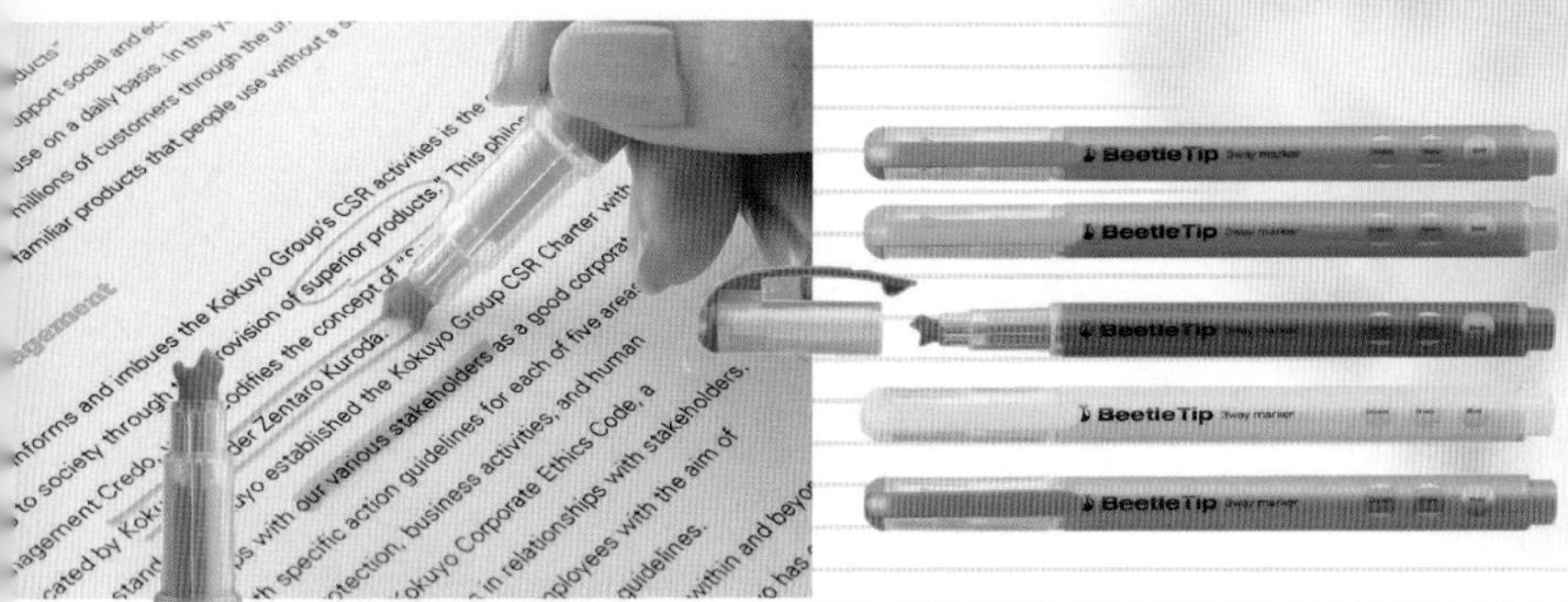

ビートルティップ
157円
コクヨS&T株式会社

カブトムシのペン先で3種類の線が引ける

カブトムシのような変わった形のペン先1つで、太線・細線・二重線（囲み線）の3種類の線を引きわけられる。「何それ！？」と友だちに言われること間違いなし。

スポットライターVW
157円
株式会社パイロットコーポレーション

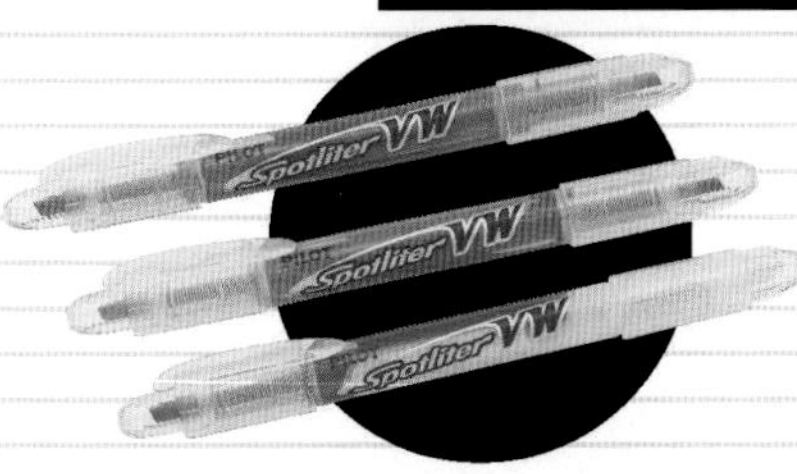

1本で2色使えるお得な蛍光ペン

蛍光ペンはいろいろな色を使いたいけれど、それじゃあ筆箱がペンばっかりになっちゃう。そんな欲張りな君には1本で2色使えるお得なスポットライターがオススメ。経済的にも優しいぞ。

フリクションライト
105円
株式会社パイロットコーポレーション

間違っても直せる不思議なマーカー

「あっ、間違えた」そんなときでも後部のラバーでこすると色が消える不思議な蛍光ペン。これなら気にせず、教科書や参考書にマークできる。覚えたところを消してくことも。

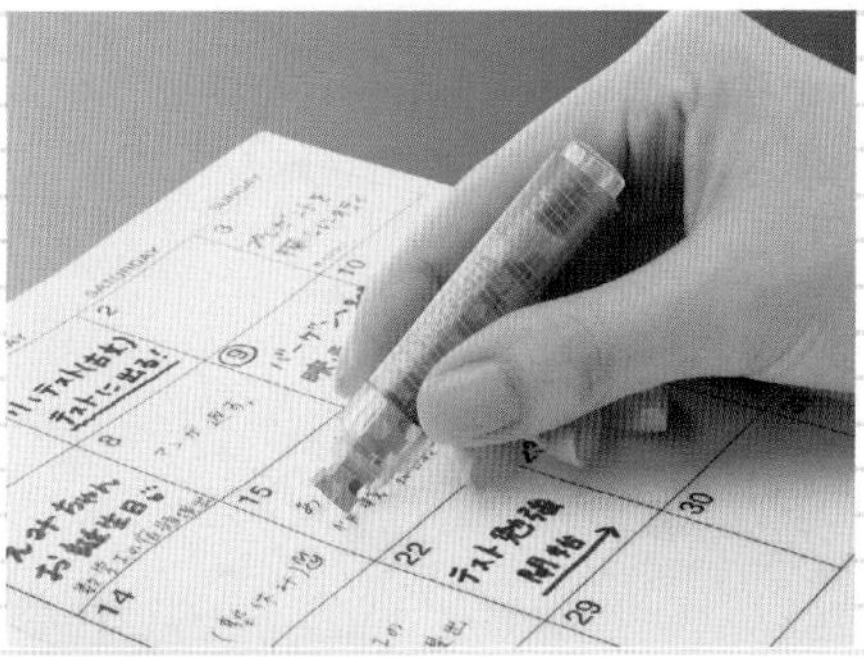

「キレイに消すにはやはり消しゴムの角がいい」そんな角を集めたユニークなカドケシのスティックタイプ。これなら細かい小さな文字もキレイに消せる。詰め替え用もあるので経済的。

カドケシスティック
210円
詰め替え用消しゴム157円
コクヨS&T株式会社

細かい文字もキレイに消せる

ノビルラ
315円
株式会社ソニック

筆箱に30cm定規が入る?!

一見普通の16cmの定規がシャキーン！ と30cmにまで伸びる新感覚の定規。もちろん筆箱にも入るし、これで苦労しないでキレイな長い線が書けるようになる！

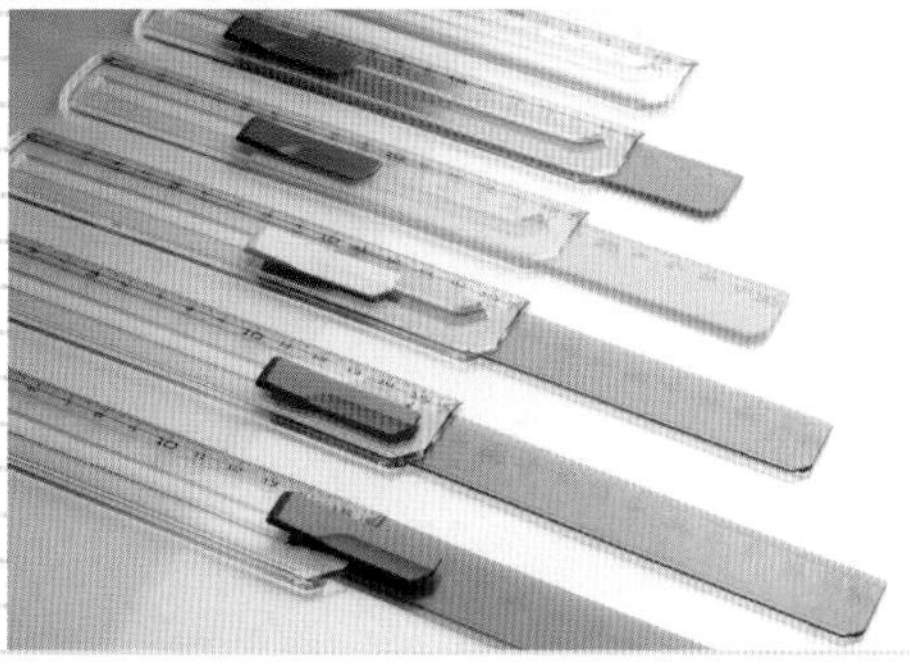

風呂単
262円
クツワ株式会社

お風呂で使える単語カード

濡れても使える耐水ペーパーを使用した、お風呂でも勉強できるスグレモノ。鉛筆や油性ペンで書け、水に濡らせばお風呂の壁に貼ることもできる。気分転換にお風呂で勉強してみる？

ふせんサプリ
294円　ニチバン株式会社

色の効果で脳力アップ！

それぞれの色の持つ効果に着目したカラフルで楽しいふせん。勉強シーンに合わせて色を使い分けよう。効率よく勉強できるようになるかも。

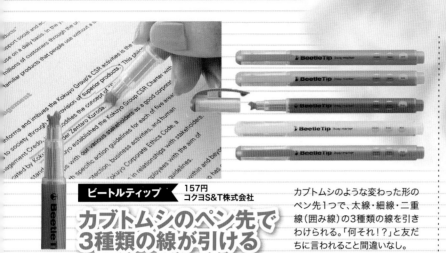

2012年 5月27日㊐ 10：00～15：00

私学の魅力
わかります

東京私立中高 第11支部 合同相談会

参加校30校
（50音順）

- 穎明館 中学校 高等学校
- NHK学園高等学校
- 桜華女学院中学校
- 日体桜華高等学校
- 桜美林 中学校 高等学校
- 大妻多摩 中学校 高等学校
- 共立女子第二 中学校 高等学校
- 錦城高等学校
- 国立音楽大学附属 中学校 高等学校
- 啓明学園 中学校 高等学校
- 工学院大学附属 中学校 高等学校
- 駒沢学園女子 中学校 高等学校
- サレジオ中学校
- 昭和第一学園高等学校
- 白梅学園 清修中学校 高等学校
- 聖パウロ学園高等学校
- 創　価 中学校 高等学校
- 拓殖大学第一高等学校
- 立川女子高等学校
- 多摩大学附属聖ヶ丘 中学校 高等学校
- 帝京大学 中学校 高等学校
- 帝京八王子 中学校 高等学校
- 東海大学菅生 高等学校中等部 高等学校
- 東京純心女子 中学校 高等学校
- 桐　朋 中学校 高等学校
- 八王子学園八王子 中学校 高等学校
- 八王子実践 中学校 高等学校
- 明治学院 中学校 東村山高等学校
- 明治大学付属中野八王子 中学校 高等学校
- 明　星 中学校 高等学校
- 明　法 中学校 高等学校

■ 私学30校参加

■ 予約不要

■ 資料の配布あり

■ 各校の担当者と個別相談
（校風、入試、進学、クラブ活動…）

京王プラザホテル八王子　5階
（JR八王子駅徒歩1分・京王八王子駅徒歩3分）

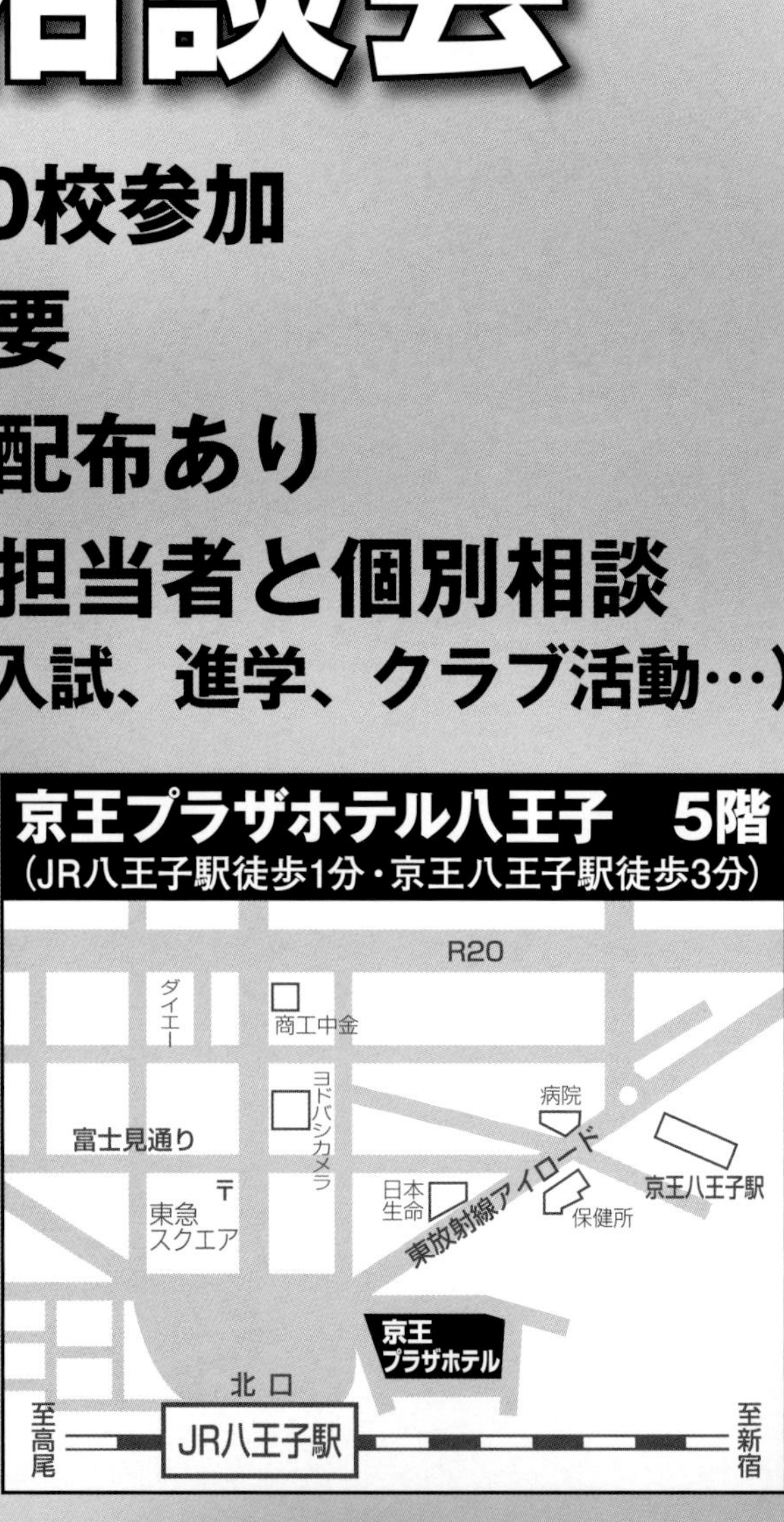

主　　催：東京私立中学高等学校協会 第11支部
後　　援：東京私立中学高等学校協会
問い合わせ先：**042（664）6000**
（穎明館中学高等学校／名倉）

人間教育と充実した英語教育プログラムで「社会知性」を備えた国際的リーダーを育成

SCHOOL EXPRESS

専《せん》修《しゅう》大《だい》学《がく》松《まつ》戸《ど》高等学校

千葉県　私立　共学校

桝谷《ますや》 有三《ゆうぞう》校長先生

類型制システム・カリキュラムにより、生徒１人ひとりの希望が叶う教育が追及されています。2010年には創立50周年を迎え、記念事業の一環として、アメリカ・リンカーンサウスウエスト高校と姉妹校提携し、確かな英語力を養成するとともに、国際的リーダーを育成しています。

School Data

所在地　千葉県松戸市上本郷2-3621	生徒数　男子888名　女子537名	アクセス　JR常磐線・地下鉄千代田線「北松戸」徒歩10分、新京成線「松戸新田」徒歩15分
	TEL　047-362-9101	URL　http://www.senshu-u-matsudo.ed.jp/

松戸市の要請を受け 専修大学が設立した学校

専修大学松戸高等学校（以下、専大松戸）は、1959年（昭和34）年に開校しました。当時は松戸市が戦後の人口増加期で、高校進学者が急増していました。そこで松戸市の要請を受けて専修大学が設立したのです。校章のデザインに松戸市の市章が入っていることがその印になっています。

専修大学の建学の精神「社会に対する報恩奉仕」をより一層教育に敷《ふ》行《えん》するということと、地域に貢献することが専大松戸の設立の趣旨になっています。2000年（平成12年）に専修大学松戸中学校が併設開校され、2010年（平成22年）には創立50周年の記念式典が行われました。

建学の精神には「報恩奉仕・質実剛健・誠実力行《りょっこう》」の3つの言葉が掲げられ、それぞれに教育目標が連動して次のように表されています。

「報恩奉仕＝広い視野と国際感覚をもち、個性・資質と知識を生かし、世界人類の福祉に役立つ人物の育成」「質実剛健＝虚飾を排し、簡素をたっとび、健康で自主性と行動力をもつ人物の育成」「誠実力行＝温かい豊かな心と健全な批判精神をもち、何事にも力をつくして行う人物の育成」

桝谷有三校長先生は「報恩奉仕に関することでは、1963年（昭和38年）から『小さな親切運動』に加盟しています。本校が全国の高校のなかで初めて団体としての加盟をしました。生徒会組織に『小さな親切運動推進委員会』があり、他者のために働くという活動は現在も続けております」と話されました。

類型制システムで 目標に合わせた指導

専大松戸では3つの類型制システムで、生徒の目標に即して、効率的に高い学力が養成されています。

「E類型」は、難関国公立大学進学類型です。1学年2クラスで72名の定員です。8時に登校し、8時10～40分まで朝読書（小テストなどもあり）が行われます。1時限45分で、週2日7時限があります。1・2年次は火・水・金曜日の放課後に必修講座があり、英・数・国が2回ずつ行われています。そして2年次に文系・理系に分かれ、3年次にはそれぞれの目標にあわせた選択科目を履修します。

「A類型」は、専修大学・上位国公立大・私立大進学類型です。1学年4クラス編成で150名の定員です。登校時間は8時30分で1時限が45分、週2日7時限があります。必修講座はありませんが、各種の希望制講座が1年次から用意され、ほぼ毎日英語の授業があります。2年次に文系・理系に分かれ、3年次には目標によって文系・国公立・私立、理系・国公立・私立へと移行します。文系では専修大学への付属推薦を希望する生徒を対象とした「専修大学クラス」も設定されています。

「S類型」はスポーツ類型で、特別強化指定部と強化指定部の指定校推薦対象者のみの類型です。1クラスのみの編成で専大、筑波大、早大、明大などへの進学実績を誇っています。

5回の定期考査で 継続的な学習習慣の維持

2009年度（平成21年度）から

総合研修旅行

「平和」と「世界遺産」をキーワードとして、クラスごとに「沖縄コース」「南九州コース」「北九州コース」「関西・中国コース」のなかから行き先を決定します。

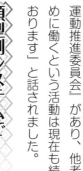

授業6日制、2012年度（平成24年度）から3学期制がスタートしました。桝谷校長先生は「本校では2009年度（平成21年度）から授業6日制を実施しています。全類型で共通に1、2年次は週6日制、3年次で週5日制にしており、これは授業時間数を確保するためです。3年生の土曜日は自宅研修ですが、学校で開講している各種講座に出たり予備校に行く生徒もいます。2学期制では前期・後期で年4回しか定期考査ができませんでした。3学期制では、定期考査を5回実施することができ、継続的な学習習慣をより維持することが可能になります。また、新しい学習指導要領に配慮することもあって3学期制に変更しました」と話されました。

　専大松戸の教育システムでは講座が豊富に用意されているのも特徴です。「放課後講座」では、各学年・全類型で組み合わされた希望制の講座が、月～土曜日まで毎日設けられています。

　「夏期集中講座」も各学年に用意されています。Ⅰ期・Ⅱ期・Ⅲ期とあり、5日間ごとのタームになっています。E類型の生徒（1、2年）には必修講座があります。また、3年生の入試直前には、「冬期講座」も設けられています。

　講座以外にも夏休みには希望者による「学習合宿」が、専修大学伊勢原のセミナーハウスで行われています。1、2年生は3泊4日、3年生は4泊5日で、基本は1日10時間の自学自習ですが、質問に対応する教員も帯同しています。

英語教育が充実 アンビションホールを活用

　専大松戸は英語教育が充実しています。1年次には、1クラスの生徒をさらに半分に分け、OC（オーラルコミュニケーション）の授業が行われます。分かれたクラスそれぞれに日本人とネイティブ教員がセットになり、チームティーチングで英会話教育が展開されています。2年次には、ライティング（文系クラス）の授業で英作文の指導にネイティブ教員が加わります。

「専修大学はネブラスカ州立大リンカーン校と姉妹校になっていました。その関係から中学校はネブラスカ州のラックス中学と姉妹校になりました。高校は、創立50周年記念事業の一環としてネブラスカ州にあるリンカーンサウスウエスト高校と正式に姉妹校提携を結び、40～50名の生徒が文通しています。また、先日、2名の生徒が2週間の短期留学から戻ってきました。」（桝谷校長先生）

文化祭

教室発表や屋台の出し物のほか、吹奏楽部などの演奏で、9月の2日間、例年約8000人の来場者で盛りあがります。

体育祭

隣にある松戸市運動公園の陸上競技場で、学年を４色の縦割りにして対抗戦を行っています。

このように語学研修は、リンカーン校を舞台に生きた英語を学び、約2週間の寮生活とホームステイの両方を体験します。また、ニュージーランドでも、2週間のホームステイを中心とした語学研修が実施されています。

施設では英語教育を象徴するアンビションホールがあります。ホールには大型スクリーンやプロジェクターなどのAV機器が完備され、ここで5日間計30時間におよぶ国内語学研修も行われています。また、全校生徒は昼休みに常駐しているネイティブ教員たちといっしょに食事をしながら、英会話を楽しむランチタイムアクティビティにも参加しています。

「若き鳳」と「進路ガイド」が生徒の案内役に

入学したばかりの1年生は、4月に2泊3日の合宿ホームルームに行きます。山梨県の富士緑の休暇村で行われ、スクールガイドの冊子「若き鳳」を参考に、これから3年間の学校生活について指導されます。

進路指導では3年間を通して自分の進路を考えるための冊子「進路ガイド」が配布されます。進路決定を行うための案内役として活用されています。

「専修大学クラスにいる生徒も、専修大学から決められた評定平均をクリアしていなければ進学できません。難関私立大への進学率はあがっていますが、目標としては国公立大への進学率をあげていきたいと思います。」（桝谷校長先生）

最後に、専大松戸にはどのような生徒さんに来てほしいのか、桝谷校長先生にうかがうと、「高校の位置づけは、単に大学に入るための通過点ではなく、社会人になるための通過点だと考えています。学力はもちろんですが、人間力をアップしたいという生徒さんに来てほしいと思います。高校の学舎が『こころの故郷』になるように、アクティブに3年間を過ごせるような生徒さんを待っています」と穏やかに語られました。

ネブラスカ・ニュージーランド語学研修

アメリカ・ネブラスカとニュージーランド・ファンガパラオアにて各2週間、語学研修を行っています。異文化を体験し、またホームステイなどで英語力をアップします。

水無月祭

文化系のクラブが、廊下などに作品を展示・発表するものです。日ごろの活動や成果を全校生徒に知ってもらう場でもあります。

予《よ》餞《せん》会

1、2年生の予餞会実行委員会が中心となり、卒業式の直前に、3年生を送る会として、毎年さまざま企画やゲームが行われています。

平成24年度　専大推薦入学内訳と他大学合格実績　※（　）は既卒

大学名	合格者数	大学名	合格者数
専大推薦入学内訳		東京農工大	1(0)
経済学部	5	首都大東京	2(1)
法学部	14	東京医科歯科大	1(0)
経営学部	9	横浜国立大	2(0)
ネットワーク情報学部	2	横浜市立大	1(1)
商学部	12	信州大	1(1)
文学部	2	福井大	1(1)
人間科学部	2	神戸大	1(1)
合　　計	46	名桜大	1(0)
国公立大学		国立大合計	48(11)
北大	1(0)	私立大学	
弘前大	1(0)	専修大	13(1)
国際教養大	1(0)	早大	54(10)
福島県立医科大	1(1)	慶應大	6(3)
茨城大	2(0)	上智大	27(6)
筑波大	8(1)	東京理科大	35(11)
埼玉大	3(1)	明大	52(9)
埼玉県立大	1(0)	青山学院大	46(9)
千葉大	13(2)	立教大	65(11)
千葉県立保健医療大	2(1)	中大	32(9)
お茶の水女子大	1(0)	法政大	59(9)
一橋大	1(0)	その他私立大	517(94)
電気通信大	2(0)	私立大合計	906(172)

東京《とうきょう》都《と》市《し》大学《だいがく》等々力《とどろき》高等学校

東京都

世田谷区

共学校

School Data

所在地　東京都世田谷区等々力8-10-1
生徒数　男子353名、女子353名
TEL　03-5962-0104
アクセス　東急大井町線「等々力」徒歩10分
URL　http://www.tcu-todoroki.ed.jp/

noblesse obligeとグローバルリーダーの育成

新しい時代に対応した新学習支援プログラム

2010年、校名変更とともに共学部を発足し、新しい学校へと生まれ変わった東京都市大学等々力高等学校。「高潔」「英知」「共生」の教育理念のもと、「ノブレス・オブリージュとグローバルリーダーの育成」が東京都市大学等々力が追い求める理想の教育像です。

この「ノブレス」とは特権階級という意味ではなく、「紳士・淑女」「君子」のことであると考え、誇り高く高潔な人間性を陶冶《とうや》することを教育の基本としています。

道徳・情操教育の基盤としてノブレス・オブリージュ教育があり、この精神を持って人生を切り拓いていくための学習支援システムが構築されています。それが「システム4A」「システムLIP」「英語・国際教育プログラム」「理科教育プログラム」の4つです。

「システム4A」とは、時間を活かすTQ（Time Quest）の考え方に基づいたシステムです。時間管理能力を高め、学習に向かう力を強化し、わからないことをその日に解決することをモットーとして作られています。到達度テストを行い、それをアナライズセンターで分析し、適正な課題を出すことで、学力の向上を図っています。

「システムLIP」とはPISA型能力の開発から大学入試までに対応したプログラムで、文章を正しく読み取り、人を動かす説明力を身につけるものです。難関大学の入試対策にも効果的なシステムとなっています。

「英語・国際教育プログラム」は、多読・速読を重視し、読解重視の英語力を育成するものです。

「理科教育プログラム」は、工学系の大学として評価の高い東京都市大学グループの一員であるという強みを最大限に活かし、実験を重視したプログラムです。

これらのシステムのもと、生徒は、志望する大学に応じて「特別選抜コース」と「特別進学コース」の2コースに分かれて勉強します。

「特別選抜コース」は難関国公立大、難関私立大への現役合格をめざすコースで、高2の2学期までに高校の範囲を修了し、残りの期間をすべて大学入試に備えます。「特別進学コース」は先取り学習を行いながら日々の授業内容を着実に消化し、身につけていきます。

こうした東京都市大学等々力独自の学習支援プログラムで、基礎基本の習得から難関大学現役合格、そして生徒が社会に出てから必要不可欠となる力を育てています。

School Navi 136

白梅《しら　うめ》学園《がく　えん》高等学校

東京都

小平市

女子校

School Data

所在地	東京都小平市小川町1-830
生徒数	女子のみ917名
TEL	042-346-5691
アクセス	西武国分寺線「鷹の台」徒歩13分
URL	http://highwww.shiraume.ac.jp/

白梅の花のような女性を育てたい

人間を愛する ヒューマニズム精神

人間を愛し、人間の価値を最高度に実現しようとするヒューマニズム精神を建学の理想に掲げている白梅学園高等学校。

この理想を実現するため、個人の価値を高め、各分野を通じて社会の幸福に貢献できる人材の育成をめざしています。

白梅学園には生徒の多様な進路希望を実現するために、2つのコース・6つのクラスを用意しています。

「特別選抜コース」は国公立大、難関大をめざし、自分を大きく飛躍させたい生徒のためのコースです。そのなかで国際的な舞台で活動したい生徒のための「クラスⅠ」、学んだ知識を国際社会のなかで役立てたい生徒のための「クラスS」、持って生まれた才能を世界の舞台で活かしたい生徒のための「クラスG」の3つのクラスに分かれます。

「進学コース」は白梅学園大・短期大への内部進学制度があり、「選抜クラス」、「進学クラス」、「保育・教育系クラス」に分かれています。このコースは進学先での学習を見据えるとともに、大学受験にも対応したカリキュラムになっています。「進学コース」の「選抜クラス」は難関私立大学を視野に入れながら実力を伸ばすクラスです。「進学コース」のほかのクラスより高度な内容の学習が用意されており、「特別選抜コース」に準じた内容の学習を進めています。「進学クラス」、「保育・教育系クラス」は学力だけでなく、志望に応じた進路を見つけ達成できるような指導がなされています。

このような学習プログラムに加え、入学してすぐのオリエンテーション合宿、1月のカルタ大会、白梅祭（文化祭）、4泊5日の修学旅行、2週間のイギリス語学研修など、感性を育成するたくさんの行事があります。

生徒のアイデアがつまった 新校舎が完成

白梅学園の生徒たちは、玉川上水が隣りを流れる緑豊かな環境のなかで、毎日楽しい高校生活を送っています。広々としたキャンパスには2010年から建設が始まった新校舎が完成しました。生徒たちのアイデアが取り入れられた多目的スペースや、落ち着いたホームルーム教室などが備えられています。

きめ細かい、いきとどいた教育を行い、生徒1人ひとりの適性に合わせたクラス選択で、それぞれの夢を実現している白梅学園高等学校。新校舎完成でさらに生徒の可能性が広がっています。

男子校

埼玉県立 川越高等学校

世界を背負って立つ人材の育成に本気で取り組む男子校

明治から続く伝統をもつ埼玉県立川越高等学校。旧制中学・高校時代以来の男子校としての気風を残しながら、時代に沿った学習プログラムを取り入れ、「智・徳・体」すべての面で優れた男子を育て続けています。

松下《まつした》 幸夫《ゆきお》 校長先生

旧制時代の雰囲気を残す 伝統ある男子校

正門を入るとすぐに、シンボルである大きなくすのきが聳《そび》えている埼玉県立川越高等学校（以下、県立川越）。1899年（明治32年）に埼玉県第三尋常中学校として設立されたところから始まる長い歴史をもった学校です。現在の校名になったのは1948年（昭和23年）で、2009年（平成21年）には創立110周年を迎えています。2010年度（平成22年度）に進学指導重点推進校に指定されました。

建学の精神は、初代校長の増野《ましの》悦興《よしおき》先生が唱えた「自主自立の青年教育」です。その精神の基で「県下有数の進学校としての期待にこたえつつ、伝統ある自主自立の校風を継承・発展させ、将来にわたって社会の中枢を担う、良識あふれる人材の育成に努める」という『学校像』と「校歌に『智を耕して徳をしく』とあるよう

くすのき祭（文化祭）

毎年正門には生徒制作の「城」が登場します。ＯＢの建築士に相談しながら、1年近くかけて作りあげていきます。また、映画「ウォーターボーイズ」のモデルになったシンクロナイズドスイミングも大人気です。2日間で来場者は1万人にのぼります。

に、智・徳・体のバランスのとれた青年であってほしい」という『生徒像』を掲げています。

「本校は旧制中学、旧制高校の雰囲気をまだ保っている数少ない学校です。めざす生徒像にある『智・徳・体のバランス』について言うと、智と体の面では、本校の生徒はあまり言わなくても勉強をしますし、部活動に熱心に打ち込み身体を鍛えます。ですので、私がとくに重視しているのは『徳』の面です。もっと内面を磨き、人間として成長してほしいということはよく話しています。優秀だからこそ弱い人に優しく、将来は世界を背負って立つようになってもらいたいと思うからです」と松下幸夫校長先生は話されました。

2年次以降の文理選択で希望進路に合った学習を

県立川越は3学期制を実施しています。授業は1時限50分で、1日6時限ですが、月曜日と水曜日は7時限になります。選択科目によっては火曜日が7時限になることもあります。土曜日は、隔週で午前中4時限の授業が行われています。

クラス編成は、通常は1クラス40名で1学年9クラスですが、2012年度（平成24年度）の入学生は臨時学級増で1学年10クラスになっています。

また、カリキュラムを2008年度（平成20年度）に全面改定しました。現在のカリキュラムでは、1年次に全員が共通科目を学習して基礎力を身につけます。そして2年次で文系か理系かを選択し、共通科目以外に文系は日本史・世界史などを、理系は物理・化学などをそれぞれ履修することになります。この段階から文・理の特徴をより明確にすることで、早い段階から大学受験に対応する力をつけることができるようになります。

3年になると、さらに豊富な選択科目が用意され、生徒1人ひとりの進路に合

1年次の「くすのき宿泊研修」では、さまざまな大学で学んでいるOBから話を聞き、進路意識を明確にしていきます。また自立学習への意識を高める学習法講座が行われます。

くすのき宿泊研修

陸上競技大会

川越市陸上競技場で行われます。個人種目は過去何10年間の記録があり、そうした記録を塗り替える生徒も出てきます。また、最後には3学年参加の騎馬戦があり、最大の盛りあがりをみせます。別日程で球技大会と水泳大会もあり、この3大会の成績で総合優勝クラスが選ばれます。

った科目が選択できます。加えて文系は「文系Ⅰ＝国公立大学志望者向け」と「文系Ⅱ＝難関私立大学向け」の2つに細分化することで、より細やかな指導が行われています。

「2年次から文系・理系に分けますので、1年次1学期の中間考査が終わったころには文・理どちらかを選択することになります。2年次でも1学期中に調査をして3年次の文理分けが確定します。例年、2年次で文系3対理系6、3年次で文系4対理系5という内訳になります。男子校ということもあり、伝統的に理系が多いですね。」（松下校長先生）

日常的に実施されている特徴的な学習プログラム

県立川越では、通常授業以外に日常的に実施されている特徴的な教育プログラムがあります。

まず、随時実施される補講として「自主ゼミ」があります。このゼミは、生徒が先生に古典講読や英文法などの補習を希望して開講されるものです。学期中の早朝・放課後・部活後・土曜日などさまざまな機会に実施されています。

SHR前の10分間を使う『朝自習プリント』も特徴的です。これは、朝早く生徒玄関にプリントが用意され、それを各自教室に持っていって学習するというものです。日によって英語・国語・数学など教科が変わります。

また、3年生に関しては、2学期の期末考査以降は全部センター試験対策用に授業が組み替えられ、受験科目にある5教科を中心に生徒の希望に沿った講座が用意され、時間割が組まれます。

「夏期講習」は、各学年に向けた講座が用意されています。生徒にあらかじめ講座一覧表が配られ、生徒は希望する講座を選んで受講します。夏休みが始まってから終わるまで、ほぼ毎日なんらかの講座が開講されています。

自習室と図書館は毎日夜7時30分まで開放されていて、自主学習の環境も整えられています。

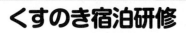

SSHを利用して多彩な教育活動を展開

県立川越は、２０１１年度（平成23年度）から2度目のSSH（スーパーサイエンスハイスクール）指定（5年間）を受けました。「知の融合」をテーマに、広い視野と高い志を持った生徒の育成が行われ、「知の継承」として長いスパンで研究者魂の育成が続けられています。

「本校は学校全体でSSHに取り組んでいます。1年次の月曜日7時限目は、『SSH基礎Ⅰ』を必修授業としています。2学期からは、クラスを離れて研究グループの仲間たちと学びます。研究グループはテーマごとの希望者によって作られ

部活動

部活動には生徒のほとんどが参加しています。運動部・文化部問わずどの部も熱心に活動しています。

ます。2年次の『SSH基礎Ⅱ』は選択制となります。」（松下校長先生）

毎年2月には、SSH生徒の研究発表が川越市市民会館で開かれます。約200名、40グループが英語のプレゼンテーションや実験も交えたポスターセッションなどレベルの高い発表を行います。

また、同じSSHの指定校である県立川越女子高校、県立川越南高校とのコラボレーション事業として、「冬休み科学教室」も行っています。生徒が先生になり、小学生や中学生を招いて実験や科学工作で科学の楽しさを伝える教室です。

理系選択者の多さや、SSHにおけるさまざまな教育活動に応える施設が、創立100周年記念に建設された通称「理科棟」です。物理（1階）・化学（2階）・生物（3階）のそれぞれに講義室・実験室・準備室が配置されています。地学実験室も4階にあります。

計画的な進路指導が難関大合格への道を開く

進路指導も3年間で計画的に行われています。進路について考える機会としては、「大学別説明会」「大学合格者懇談会」「学部学科懇談会」などが多く設けられます。また、模擬試験や、定期試験とはちがった校内実力考査などによって、生徒個人の成績管理がきちんと行われます。こうした指導が難関大学合格への道を開いていきます。

埼玉県立川越高等学校に入学すればどんな3年間が待っているのでしょうか。松下校長先生に伺いました。

「本校では、生徒が将来、日本、さらには世界を背負って立つような人材になることを、教員は本気でめざしています。そういう男だけの世界で3年間突っ走ってみたい、そんなみなさんを待っています。」

平成24年度(平成2012年度)大学合格実績（ ）内は既卒

大学名	合格者	大学名	合格者
国公立大学		阪大	2(0)
北大	8(5)	その他国公立大	22(9)
東北大	7(0)	国公立大合計	136(48)
筑波大	14(3)	私立大	
千葉大	8(2)	早大	127(40)
埼玉大	18(6)	慶應大	38(14)
首都大東京	4(2)	上智大	62(16)
電気通信大	6(2)	東京理科大	94(38)
東大	5(3)	青山学院大	22(10)
東京外大	5(2)	中大	48(21)
東京学芸大	4(0)	法政大	57(24)
東京工大	12(5)	明大	155(56)
東京農工大	13(4)	立教大	110(45)
一橋大	1(0)	学習院大	13(7)
横浜国立大	6(4)	その他私立大	241(92)
京大	1(1)	私立大合計	967(363)

School Data

埼玉県立川越高等学校

所在地
埼玉県川越市郭町2-6

アクセス
西武新宿線「本川越」徒歩15分、
東武東上線「川越市」徒歩20分、
JR川越線・東武東上線「川越」徒歩25分

生徒数
男子のみ1137名

TEL
049-222-0224

URL
http://www.kawagoe-h.spec.ed.jp/

和田式教育的指導

目的意識を明確にしましょう

いままで一生懸命勉強してきた人が、急な脱力感から勉強に身が入らなくなることがあります。受験勉強が無味乾燥に思えてきたら、スケールの大きな夢を抱きましょう。

油断から起こる脱力感に注意しよう

みなさん五月病を知っていますか。五月病とは、新しい生活や環境に適応できない精神的な症状の総称をいいます。

例えば、大学受験で合格して、目標を達成したとたんに、虚脱感がやってきて、急に目標がなくなってしまうことも含まれます。同じような症状として、荷降ろし鬱《うつ》というものもあります。大人たちが身内の葬式を済ませ、四十九日の法要が終わると、とたんにホッとして鬱みたいになることをいいます。

これらの病は、中学生のみなさんには関係のないことに思うでしょうが、じつは似たことが起こる可能性があるのです。

中学受験をして第1志望の中学へ運悪く行けなかった場合、入った中学校の進度が遅くて気が抜けて、脱力感が襲ってくることがあるでしょう。

また、中学2年生になり、学校行事やクラブ活動を熱心に取り組んだあとに、ホッとして気が抜けてしまうこともあります。

これ以外にも、いままで順調に成績が伸びてきて、「自分の成績に追いつくライバルはいない」と思い込み、急に緊張感がなくなり脱力感が襲うことがあります。

こうしたことは、おもに油断から起こることが多いのですが、この時期の受験生は注意しなければなりません。

無関心・無気力・無感動で目的意識の喪失

現代の大学生の精神病理として問題にされているのが、極度の無関心・無気力・無感動です。努力家で成績も優秀な学生によく見られる新型の鬱病で、これをスチューデントアパシーと言います。

スチューデントアパシーの人は、勉強以外の部活動やゲームなどには興味を持って臨みますが、勉強への意欲はなく、授業や試験には出なくなります。

このような状態になった場合、大半の保護者たちには勉強だけをさぼっているかのように見えてしまい「なんで勉強しないの」「このままじゃ高校へは行けないわよ」などと、言ってしまいがちです。しかし、じつはスチューデントアパシーに陥っているのかもしれません。

中学3年生になれば、「勉強をしてなんになるんだ」「いまの時代は勉強しても報われない」というように、頑張って勉強しても、それだけの見返りがないのではないかと考えてしまう受験生もいるはずです。

　このような考えの生徒は、スチューデントアパシーに陥りやすいので、目的意識を明確にして取り組んでいきましょう。

世界に目を向けた目標を持とう

　昔のように、いい大学を出て、いい会社に就職すれば、生涯安泰な時代もありました。しかしいまは、同一企業に就職して定年まで雇用され続けるという終身雇用制度は崩壊してしまいました。それに加え、有名大学からでさえも、なかなか就職できないという厳しい現実があります。ましてや無名大学からだとさらに厳しい現状になります。

　無名大学だからいい会社に就職できない訳ではありません。単に、勉強のできる人間が合格しているのが有名学校というのではなく、熾烈な受験戦争を勝ち抜いて、魅力的な人間が全国から多く集まって来ているのが有名大学なのです。

　実際に企業で成功している人は、東大や有名大学の出身者が多いのも事実です。最近の有名大学のキャンパスは生き生きしています。「起業しよう」「留学しよう」など夢を持っている学生が多いのです。それは、一流大学といわれる学校に共通のことのように思います。

　現代は、グローバル化が進み国際的な社会で生きることが当たり前になっています。欧米人たちだけではなく、アジアやアフリカの人たちとも仕事をしていく時代です。

　苦手な分野も身に付けておけば、それらが基礎になって将来役に立つことがあります。

　勉強をしていない人間には、社会が冷たくなっていることも現実なのです。大人になってから痛い目に遭わないように、いまから覚悟して、勉強に取り組んでいきましょう。21世紀はみなさんが主役なのですから。

Hideki Wada

和田秀樹

1960年大阪府生まれ。東京大学医学部卒、東京大学医学部附属病院精神神経科助手、アメリカのカールメニンガー精神医学校国際フェローを経て、現在は川崎幸病院精神科顧問、国際医療福祉大学大学院教授、緑鐵受験指導ゼミナール代表を務める。心理学を児童教育、受験教育に活用し、独自の理論と実践で知られる。著書には『和田式　勉強のやる気をつくる本』（学研教育出版）『中学生の正しい勉強法』（瀬谷出版）『難関校に合格する人の共通点』（共著、東京書籍）など多数。初監督作品の映画「受験のシンデレラ」がモナコ国際映画祭グランプリ受賞。

教えて！マナビー先生

プロフィール

日本の某大学院を卒業後海外で研究者として働いていたが、和食が恋しくなり帰国。しかし科学に関する本を読んでいると食事をすることすら忘れてしまうという、自他ともに認める“科学オタク”。

世界の先端技術

アシスト自転車

人の力を利用して人を助ける自転車

老若を問わず人気があがっているアシスト自転車（写真提供：ブリヂストンサイクル株式会社、商品名「アシスタポルク」）

自転車で走り回るのは楽しい。どこかサイクリングにでも行きたいね。

便利で楽しい自転車だけど、登り坂は大変だ。ギアを一番軽く設定して、立ち乗りして必死にペダルを踏むけれど、それがつらいときもある。結局は降りて押してあがることがあるよね。

そんなときに便利なのがアシスト自転車だ。

アシスト自転車のアシストとは「助ける」と言う意味だよ。人がこぐ力にモーターの力を加えて力が少なくても坂道をすいすいあがることができる自転車なのだ。モーターバイクとの違いは、モーターバイクはエンジンやモーターの力だけで動くものだけれど、アシスト自転車の基本は人間の力だ。

自転車に乗り、ペダルをこぐと、そのこぐ力の強さをペダルのそばにあるセンサーが調べる。そして坂道のように力が多く必要なときは、その力に応じてモーターが助けてくれる。このおかげで坂道も軽く登れるわけだ。便利だね。スタート時なども力が必要だからアシスト自転車に乗ると軽くスタートできる。

安全面も考えられている。自転車のスピードが時速24kmを超えようとするとアシスト機能が自動的に切れるようになっている。

さて、モーターを動かすためにはエネルギーが必要だね。アシスト自転車のエネルギーには何度も充電できる電池が使われる。現在は何度充電しても電池の性能が下がりにくくて軽いリチウムイオン電池が多く使われている。当初のものから比べて２倍くらい長く走ることができるようになった。

技術開発はいまも続いていて、坂道を下る時や、ある程度早く走ることができるときには「回生充電」と呼ばれる機能を使い、電池に充電しながら走る。そうして走行距離を伸ばす工夫がされているんだ。

また、アシスト自転車が活躍するのは坂道をあがるためだけではないんだ。荷物があるときやお年寄りなど力が弱った人が乗るときも助けてくれる。そういう場合もふらつかず安心して乗ることができるというわけ。

便利な自転車が増えて、楽しくサイクリングができるといいね。歩いている人たちにも十分配慮して、安全運転で楽しいサイクリングをしよう。

※このページは39ページから読んでください。

太郎「それはいい考えだね。手伝うよ」
㊶ Jim : Thank you.
ジム「ありがとう」

最後は、外国語（異言語）学習の大切さを述べることで締めくくっているね。それでは、残りの問いを片付けよう。

（ウ） 本文の内容に合うように，次の質問の答えとして最も適するものをあとの1～4の中から一つ選び，その番号を書きなさい。
What can we say about Jim?
1. He says it is difficult to learn Japanese.
2. He didn't get any help to learn Japanese from Taro.
3. He asked Taro to remember and use doumo.
4. He has learned *doumo* is used to help other people.

問いは、「What can we say about Jim? ＝ジムについてなにが言えますか」、つまり「ジムについて正しいものを選びなさい」ということだ。
1. 彼は日本語を学ぶのは難しいと言う。
2. 彼は日本語を学ぶのに太郎からなんの助力も得なかった。
3. 彼は太郎にドーモを覚えて使ってくれと頼んだ。
4. 彼はドーモがほかの人を助けるのに使われることを学んでいた。

ジムは太郎にドーモを教わったのだから、2は ×。ジムはドーモを自分が使おうと言っているのだから、3も ×。人を助けるのはドーゾだから、4も ×。㊲ に述べられているから、正解は1。

解答 A. 1

次の問題はこうだ。

（エ） 本文の内容に合うものを次の1～4の中から一つ選び，その番号を書きなさい。
1. On the train, the old woman said Jim "*Doumo*," so he said to her, "Doumo," too.
2. It was exciting for Taro to give his seat to other people.
3. Jim gave the old woman his seat on the train.
4. Taro said, "Learning other languages is more difficult than learning Japanese".

選択肢を訳すと、
1. 電車のなかで、おばあさんがジムに「ドーモ」と言い、それで彼もおばあさんに「ドーモ」と言った。
2. 太郎にとってほかの人に座席を譲るのはドキドキすることだ。
3. ジムは電車でおばあさんに座席を譲った。
4. 太郎は「ほかの言葉を学ぶのは日本語を学ぶよりもっと難しい」と言った。

説明は要らないだろう。正解は3だね。

解答 A. 3

あともう1つ、（オ）の問いが残っているが、紙数が尽きた。今回は解説らしい解説はできなかった。知ってほしかったのは、公立校では難問はほとんど出ないということだ。だから、この神奈川県の問題程度は十分に得点できるようでありたい。そうでないと……、いや、不吉な言葉は喉の奥に押しこんでおこう。

編集部より
正尾佐先生へのご要望、ご質問はこちらまで！
FAX：03-5939-6014　e-mail：success15@g-ap.com
※ 高校受験指南書質問コーナー宛と明記してください。

※このページは39ページから読んでください。

太郎「『ドーゾ オスワリ クダサイ』とか、『ドーゾ オカケクダサイ』だね」

⑱ Jim : *Douzo*... it's difficult to remember all the words.

ジム「ドーゾ…この言葉を全部覚えるのは難しいな」

⑲ Taro : If you think so, just say *douzo*.

太郎「そう思うんなら、ドーゾだけ言いなよ」

⑳ Jim : *Douzo*. *Douzo*. it's not difficult to say the word.

ジム「ドーゾ。ドーゾ。これは言いにくくないね」

㉑ Taro : Good. *Douzo* means "please," "Here you are," *and so on in English. Japanese people often say *douzo*, for example, when they give their seats to old people or a person with small children, or when they *serve someone food.

太郎「いいぞ。ドーゾは英語の『please』、『Her you are』なんかの意味だ。日本人はドーゾとよく言うんだ、例えば、年寄りや小さい子ども連れの人に席を譲るときとか、だれかに食べ物を出すときにね」

㉒ Jim : That sounds like a nice word that I can use when I help other people.

ジム「ほかの人を助けるときに使える適当な言葉のような感じだ」

㉓ Taro : That's right. So please remember and use it next time.

太郎「そうだとも。だから覚えておいてこの次はこれを使ってよ」

㉔ Jim : I will. Thank you, Taro.

ジム「そうするよ。太郎、ありがとう」

㉕ The next day Jim and Taro went to Sakura-minato City by train.

翌日、ジムと太郎は電車で桜港市へ出かけた。

㉖ They were sitting on the seat near the door on the train.

2人は電車の扉近くの席に座っていた。

㉗ At a station, an old woman came into the the train.

ある駅で、老女が電車に乗り込んできた。

㉘ Jim stood up to give his seat to the old woman.

ジムは立ちあがってその老女に自分の席を譲った。

㉙ Jim : *Douzo*.

ジム「どうぞ」

㉚ Old woman : *Sumimasenn*. *Doumo arigatou*.

老女「すみません。どうもありがとう」

㉛ Jim : You are welcome.

ジム「どういたしまして」

㉜ Taro : You *did it, Jim!

太郎「やったね、ジム！」

㉝ Jim : Yes, I said *douzo* and gave my seat. I'm glad.

ジム「うん、どうぞと言って席を譲ったよ。気分いいな」

ジムは座席を譲ることを恥ずかしがらなかった。多くの日本の若者は逆だ。おそらく、座席を譲るのは善行だと思い込んでいるのだろう。「人前で善い行いをするのは、わざとらしくて恥ずかしい」と思うようだ。

だが、座席を譲るのは当然の行為であり、別に善行でもなんでもない。ジムはきっとそう考えていたに違いない。当然の行為なのに言葉を知らないためにできなかった、だからsadであり、badだというのだろう（と神奈川県の出題者は考えたのだろうと、君たちは思わないか？）。

ところで、へそ曲りのマサヲセンセーはこうも思うよ。

ジムがさっと立ちあがって席を譲ったのに、太郎はなにもしないで、「やったね！」なんて言っている。なにかおかしくないかなぁと。

㉞ Soon the train got to Sakura Station, and Taro and Jim *got off the train.

じきに電車は桜駅に着き、太郎とジムは電車から降りた。

㉟ Jim : I couldn't do anything on the bus two days ago. But I gave my seat to the old woman today because I learned the word *douzo*. It was exciting to use *douzo*. I want to use the word more often. I think she answered to me, "*Douzo arigatou*." I think we can also say *douzo* when we *thank people.

ジム「2日前、ぼくはバスでなにもできなかった。でも今日は、ドーゾという言葉を教わったので、おばあさんに席を譲った。ドーゾを使うのはどきどきするよ。もっと頻繁にこの言葉を使いたいな。おばあさんはぼくに『ドーゾ、アリガトー』と言ったと思う。人に感謝するときにもドーゾと言えるんだと思う」

㊱ Taro : No, no, Jim. She said, "*Doumo arigatou*." It means "Thank you very much."

太郎「いや、違うよ、ジム。おばあさんは『ドーモアリガトー』と言ったんだ。『Thank you very much』という意味なんだ」

㊲ Jim : *Doumo*? *Doumo* sounds like *douzo* to me. It is difficult to learn Japanese.

ジム「ドーモ？ ぼくには、ドーモはドーゾのように聞こえるよ。日本語を学ぶのは難しいね」

㊳ Taro : I know. To learn other languages is not easy, but if you know another language, you can *communicate with a lot of people around the world.

太郎「わかるよ。別の言葉を勉強するのは簡単ではないけれど、もう1つ別の言葉を覚えたら、世界の大勢の人と意見を交換できるよね」

㊴ Jim : I think so, too. In our English class next week, I will make a speech about the things I have learned in Japan. I will talk about the nice Japanese word *douzo*.

ジム「ぼくもそう思う。来週の英語の授業で、日本で学んだことについてスピーチをするんだ。どうぞというすばらしい日本語について話すつもりだよ」

㊵ Taro : That's a good idea. I will help you.

※このページは39ページから読んでください。

people looked glad when the woman said something to the boys.

ジム「その通り。その人はすまなそうな笑みを浮かべて乗ってきた。そしたら男の子が2人立って自分の席を女の人と子どもたちに譲った。女の人が男の子になにか言ったら、みんなうれしそうだったよ」

⑪ Taro : That's very good.

太郎「すごくよかったね」

⑫ Jim : That's the good news.

ジム「これがいい話」

さて、ここで第1問。

(ア) 本文の内容に合うように，次の書き出しの英語に続けるのに最も適するものをあとの1～4の中から一つ選び，その番号を書きなさい。

When Jim was on the bus, ...

1. it didn't start again because some people got sick.
2. an old man came into it with his children.
3. a woman and her children gave their seats to the two boys.
4. about twenty people were on it.

When Jim was on the bus, は、「ジムがバスに乗っていると、」という意味だね。

選択肢1～4を日本語にしよう。

1. 具合の悪くなった人がいたので再び発車しなかった。
2. 子どもを連れて老人が乗ってきた。
3. 女性と子どもたちが男の子2人に座席を譲った。
4. 20人ほどの人が乗っていた。

⑥に明記されているので、正解は4だね。うっかり3だとしがちだが、座席を譲ったのは男の子の方だ。

解答 A. 4

問題文を続けて読もう。

⑬ Taro : What is the bad news?

太郎「悪い話ってなに？」

⑭ Jim : I wanted to help the woman and her children, but I couldn't. I couldn't stand up and give my seat to them because I didn't know what to say to them. I was a little sad on the bus. That's the bad news.

ジム「ぼくは女の人と子どもたちの役に立とうと思ったけど、できなかったんだ。どう言うのかわからないので、立って席を譲れなかった。ぼくはバスに乗っていてちょっと悲しかった。これが悪い話だよ」

⑮ Taro : I see.

太郎「なるほど」

ここで第2問だ。

(イ) 本文の内容に合うように，次の質問の答えとして最も適するものをあとの1～4の中から一つ選び，その番号を書きなさい。

Why was Jim a little sad on the bus?

1. Because people were not kind to the woman and her children.
2. Because he couldn't give his seat to the woman and her children.
3. Because the woman needed some time to get her children safely on the bus.
4. Because he helped the woman and her children without saying anything.

Why was Jim a little sad on the bus? が質問だ。「なぜジムはバスでちょっとばかり悲しかったのか？」という問いだ。その答えは⑭にある。

選択肢1～4の意味は、

1. みんなが女性とその子どもたちに親切でなかったから。
2. 彼が女性とその子どもたちに座席を譲れなかったから。
3. 女性が自分の子どもたちを安全にバスに乗せるために時間が必要だったから。
4. 彼が女性とその子どもたちになにも言わずに役に立ったから。

もちろん、2だ。それにしても、女性と子どもには席を譲るのが当然だというジム君はたいしたもんだ。日本の高校生や中学生にはあまり見られない。それどころか、バックやら部活の道具やらを座席のうえに置き、しかも股を広げたままつめようともしない（ちなみに私は高校時代、バス通学をしていたのだが、中学生も高校生も空いていない限りは席には座らなかった。はるか50年以上も昔の北の僻地での話だ…)。

アメリカのとある町でバス停で1時間に1本しかこないバスを待っていたときのこと、30人近い人が並んでいて、私はその列の終わりのあたりで幼い我が子といっしょにいたのだが、バスが来てみんなが順に乗り始めたところ、車掌さんが目ざとく私たちを見つけ、大声で「そこの親子、お前たちが乗れ」と大声で叫び、ほかの人たちも私たちを優先して乗せてくれた。

解答 A. 2

⑯ Jim : How do you say "please sit down" in Japanese?

ジム「『座ってください』って日本語でどう言うんだい？」

⑰ Taro : "*Douzo osuwari kudasai,*" or "*Douzo okake kudasai.*"

※このページは39ページから読んでください。

Jim : *Douzo. Douzo.* It's not difficult to say the word.

Taro : Good. *Douzo* means "please," "Here you are," *and so on in English. Japanese people often say *douzo*, for example, when they give their seats to old people or a person with small children, or when they *serve someone food.

Jim : That sounds like a nice word that I can use when I help other people.

Taro : That's right. So please remember and use it next time.

Jim : I will. Thank you, Taro.

The next day Jim and Taro went to Sakura-minato City by train. They were sitting on the seat near the door on the train. At a station, an old woman came into the train. Jim stood up to give his seat to the old woman.

Jim : *Douzo.*

Old woman : *Sumimasen. Doumo arigatou.*

Jim : You are welcome.

Taro : You *did it, Jim!

Jim : Yes, I said *douzo* and gave my seat. I'm glad.

*Soon the train got to Sakura Station, and Taro and Jim *got off the train.*

Jim : I couldn't do anything on the bus two days ago. But I gave my seat to the old woman today because I learned the word *douzo*. It was exciting to use *douzo*. I want to use the word more often. I think she answered to me, "*Douzo arigatou.*" I think we can also say *douzo* when we *thank people.

Taro : No, no, Jim. She said, "*Doumo arigatou.*" It means "Thank you very much."

Jim : *Doumo*? *Doumo* sounds like *douzo* to me. It is difficult to learn Japanese.

Taro : I know. To learn other languages is not easy, but if you know another language, you can *communicate with a lot of people around the world.

Jim : I think so, too. In our English class next week, I will make a speech about the things I have learned in Japan. I will talk about the nice Japanese word *douzo*.

Taro : That's a good idea. I will help you.

Jim : Thank you.

* seat：座席　bus stop：バス停　understood ～：～を理解した　get ～ safely on…：～を…に安全に乗せる　with an apologetic smile：申し分けなさそうにほほえんで　stood up：立ち上がった　～ and so on：～など　serve ～…：～に…を出す　did it：うまくいった　get off ～：～から降りた　thank ～：～に感謝する　communicate with ～：～と意見を交換する

かなり長い会話文だね。では、問題に取り組もう。全文を日本語に訳してしまう。ただし、逐語訳ではなく、くだけた日本語訳だ。

① Jim is a student who came from America.
ジムはアメリカ出身の生徒です。

② He goes to Sakura High School.
彼は桜高校に通っています。

③ One morning he saw his friend Taro in their classroom and they started talking.
ある朝、ジムは教室で級友の太郎と顔を合わせて、おしゃべりを始めました（アメリカ人生徒と日本人生徒との会話というのは、英語入試問題によくある設定だ）。

④ Jim : HI, Taro. I have good news and bad news today.
ジム「やあ、太郎。今日はいい話と悪い話があるんだ」

⑤ Taro : Really? What is the good news?
太郎「へえ？ いい話ってなんだい？」

⑥ Jim : Yesterday afternoon I was on a bus. There were about twenty people on it. Everyone had a *seat, and the bus was running without any problems. But after the bus stopped at a *bus stop, it didn't start to move soon.
ジム「昨日の午後、バスに乗ったんだ。20人くらい乗ってた。全員、座ってて、なにごともなく走ってたんだ。だけどあるバス停に止まると、すぐに発車しなくてね」

⑦ Taro : Was there a problem?
太郎「なにかあったの？」

⑧ Jim : Well, when a woman came into the bus, I *understood why the bus didn't start. She had two small children with her, so....
ジム「うん、バスに女の人が乗ってきて、発車しないわけがわかったんだ。その人は小さな子どもを２人連れていて、それで……」

⑨ Taro : She needed some time to *get her children safely on the bus.
太郎「自分の子どもをバスに安全に乗せるのに時間が要ったんだね」

⑩ Jim : That's right. She came into the bus *with an apologetic smile. Then two boys *stood up and gave their seats to the woman and her children. Many

教育評論家 正尾 佐の
高校受験指南書

Tasuku Masao

六拾六の巻

今年の入試問題2【英語】

「今年の入試問題」シリーズの２回目は、数学に続いて英語だ。前号では、公立（都立・県立）校を取り上げて、埼玉県・千葉県・東京都の問題を紹介したね。しかし、神奈川県は紙数の都合で除外したので、今回は神奈川県の問題を最優先としよう。

神奈川県に限らず、首都圏の公立校の英語入試は、最初にリスニング問題が問われる。それが終わってからペーパーテストとなる。

リスニングが苦手だと、出だしでつまずきやすい。読みあげられた英文をよく聞き取れずに問いにうまく答えられないことがよくある。そのため、心が動揺してしまい、続くペーパーテストでも、できるはずの問題が解けなかったり、不注意なミスを犯しがちだ。

だから、「どうせ苦手のリスニングは得点力が伸びない。聞く練習をしていても、すぐに飽きて身が入らない。ほかのことを勉強しよう」などとあきらめてしまってはいけない。どんなに嫌でも、英会話や英文朗読をBGM代わりに聞くなどして、英語を話す口調に耳を慣らし、なんとしてもリスニング力を高めるようにしよう。

さて、神奈川県の英語問題で最も分量が多いのは最後の問７だ。当然、時間がかかる。速く読み取れないと、時間切れになってしまう。その量と難易度を知るために、その問題を取り上げよう。

次の英文を読んで，あとの(ア)～(オ)の問いに答えなさい。

Jim is a student who came from America. He goes to Sakura High School. One morning he saw his friend Taro in their classroom and they started talking.

Jim : Hi, Taro. I have good news and bad news today.

Taro : Really? What is the good news?

Jim : Yesterday afternoon I was on a bus. There were about twenty people on it. Everyone had a *seat, and the bus was running without any problems. But after the bus stopped at a *bus stop, it didn't start to move soon.

Taro : Was there a problem?

Jim : Well, when a woman came into the bus, I *understood why the bus didn't start. She had two small children with her, so....

Taro : She needed some time to *get her children safely on the bus.

Jim : That's right. She came into the bus *with an apologetic smile. Then two boys *stood up and gave their seats to the woman and her children. Many people looked glad when the woman said something to the boys.

Taro : That's very good.

Jim : That's the good news.

Taro : What is the bad news?

Jim : I wanted to help the woman and her children, but I couldn't. I couldn't stand up and give my seat to them because I didn't know what to say to them. I was a little sad on the bus. That's the bad news.

Taro : I see.

Jim : How do you say "please sit down" in Japanese?

Taro : "*Douzo osuwari kudasai,*" or "*Douzo okake kudasai.*"

Jim : *Douzo*...it's difficult to remember all the words.

Taro : If you think so, just say *douzo*.

宇津城センセの受験よもやま話

積みあげた経験が自分の生きる力になる

宇津城 靖人先生
早稲田アカデミー　特化ブロック　ブロック長
兼 ExiV西日暮里校校長

自信に満ち溢れていた親友の斉木くん

小学5年生の夏休みに斉木くんは北海道へ引っ越してしまった。

なにを贈ったかは忘れてしまったが、心ばかりの餞別を渡したことと、走り去る車に手を振っていたことを記憶している。とても悲しかったが、ドラマやアニメみたいに別れ際に泣いたりするのは嫌だったので、夕暮れに染まる田舎道を私は大声で歌いながら帰った。斉木くんの認識は違ったかもしれないが、私にとって彼は親友だった。

斉木くんとは小学3年生のときから同じクラスになり、家へ帰る方向が同じだったことから付き合いがはじまった。最初は空き缶やワンカップのフタを蹴飛ばしながら一緒に帰る程度だったが、斉木くんの家の方が私の家よりも近かったので、帰りに寄らせてもらって遊んだりしているうちに次第に仲良くなった。チビで子どもっぽい私とは対照的に背が高く大人っぽい少年だった。5年生ともなると女子の何人かが「斉木くんはかっこいい」と騒ぎ始めるくらいの特別な存在になった。彼は勉強もスポーツもできたので、女子が騒ぐのも当然だと言えた。しかし私は彼の魅力は別のところにあると思っていた。彼は「経験からくる自信」に満ち溢れていたのである。

私が初めて子どもだけで遠出をしたのは、斉木くんと彼のお姉さんとだった。斉木くんのお姉さん（確か中学生くらいだったと思う）とその友だちが映画を見に行くのに、一緒に連れていってもらったのだ。

子どもだけで知らない町へ映画を見に行くというのは、当時5年生だった私にとっては大冒険であった。残念ながらそのとき観た映画は、お姉さんたちの趣味により男性アイドルが出演する退屈なものであったが、見知らぬ町の冒険自体は大変楽しいものだった。家に帰ったときには大きな仕事をやり遂げた達成感でいっぱいで、王国を悩ませるドラゴンを倒して帰還した勇者と同じくらいの賞賛と感謝を家族からもらえるものと期待していた。それを普段どおりの「おかえり」の一言で片付けられて、なぜか立腹したことを覚えている。大人にとってはとるに足らない外出も、子どもにとっては未知の世界への大冒険であり、多くの刺激を受ける貴重な経験なのである。親の庇護から隔絶された環境に飛び込むにはそれなりに勇気が要るものだということ、そしてそれはとても心地よいものであるということをこのときに学んだ。そのとき遠出は、私にとっては見知らぬ町の大冒険であったが、斉木くんにはそうではなかったらしい。外出自体が楽しくて高揚していたのだ。当時の私の目線からはもちろんだが、いまの私が見てもやはりそう思える。それでも要所要所では落ち着いて「大人」の対応をしていた。電車に乗るときも、映画館でポップコーンを買うときも、もぎりの人が半券を渡してくれるときも随分こなれた感じだった。初めての経験からくる緊張やぎこちなさを微塵も感じさせないスマートさが彼にはあった。このときだけではない、いつでも、また、学校のどんなことでも斉木くんならば任せて安心だと思わせるところがあった。みんなが頼るその理由こそ、「経験からくる自信」＝「体を通して出る力」にあったと思うのである。

斉木くんと宇津城くんの違いとは?

斉木くんと私との差はどこにあるのだろうかと当時から考えていた。斉木くんの家に遊びに行くと、彼の部屋にはたくさんのペナントが壁に貼り付けてあったし、とても読めない言語の書かれた外国の品々もたくさん並んでいて、いろいろな場所を訪れた経験が示されていた。広く世界を見てきた経験が彼に内在するイデオロギーや志向性に大きく影響を与えていたことは明らかで、私がようやく音楽に興味を持ち始めて歌謡曲のレコードを買って聴き始めたときには、もう斉木くんはジャニス・ジョプリンやキース・ジャレットを聴いていた。当時の私には「ケルンコンサート」などと言われてもさっぱりわからなかったはずだ。本当に私は単なる子どもだった。小学校5年生時点で彼と私の間には身長という身体的な特徴差だけでなく、知識と経験で大きな差がついていた。

多種多様な経験を積んだ人間はとても逞しく、しなやかである。経験は「知識」となり、さらなる経験はその知識を単なる「記憶」から「実力」へと昇華させることができる。

一方、経験が少ない人間は想像力が乏しく、貧弱である。単なる記憶の点では私は彼に負けるとも劣らない成績を勉学においてのみ収めることができていた。しかし彼には圧倒的な経験値があり、それが人間の「格」の違いとなって現れていた。これが彼と私との決定的な差となっていたのである。

この経験の差はどこから生まれたのか。斉木くんの親は転勤族であったので外国に住んだこともあったし、日本国内でもさまざまな地方へと転居していた。そのことにより斉木くんは見聞を広めており、地域地域でどう振舞えばいいのかが自然と身についてきたのであろう。

そういった経験から、彼は初めての環境での振る舞い方を当たり前のようにこなしていたので、初対面の人間との距離感を縮めることができ、打ち解けられるようになっていたのである。

社会に出てから役に立つのはこういった能力であり、テストの点数では決してない。こういう能力はどのように身につくのかというと、これはやはり本人が経験するしかない。保護者がどのように働きかけても、子ども自身が経験しない限りはどうにもならない。子ども自身が辛い思いや、苦労をしなければ獲得できない能力なのである。とはいえ、親にできることは本当になにもないのだろうか。果たして親は、子どもになにをしてあげられるのであろう。

私と斉木くんの間にあった決定的な差は、偶然に生み出されたものであろうか。否、これは保護者の考え方や接し方によって変わっていたはずである。私の保護者は私に斉木くんのような経験をさせることを恐れ、私を庇護した。私もその庇護に甘んじて自らの経験を積もうという意識がなかった。外に大きな世界が広がっていることを認識できなかった。世界を認識するには情報が不可欠である。いまはインターネットも普及しているので、小さな子どもですら世界中にアクセスすることができるが、昔はそうではなかった。

世界を股にかける友人に対抗して海外へ

誠一という友人がいる。いまも海外に住んでおり、バリバリと働いているはずであるが、私は彼からもたくさん教わった。

学生時代のことである。自分は海外を回ることで見聞を広めて、自分自身を磨こうと考えていた。彼は帰国子女で世界を知っていた。イミグレーションもトランジットもリコンファームも知らなかった田舎育ちの自分にとっては、世界を簡単に股にかける彼は、本当に大人に見えたものだった。自分が世間知らずの坊やであるという強いコンプレックスを抱くことになった。

これではまずいと感じて、1人で海外へ飛び出すことにしたのである。私は彼に負けまいと1人でイギリスに行った。パブでボヘミアンラプソディーを合唱しているイギリス人たちに驚いた。フレディーは彼らの誇りなのだと初めて知った。ホノルルにいってマラソンを走った。42・195キロを走っているうちにランナーズハイ状態になった。人間は肉体の極限を超えると、精神で体を支えるようになるのだと改めて学んだ。香港から中国に入り、それまで慣れ親しんだアルファベットが次第に消えていき読めない漢字に変わっていく案内板の表示に不安になった。イタリアを訪れた。明るい国民性とジプシーと呼ばれる人間たちの逞しさに驚かされた。世界を巡るうちにさまざまなトラブルにもあった。自分の英語がつたないことも知った。さまざまな国でここには書けないような恐い目にもあった。それらのすべての経験が私に自信を与えてくれたのである。

自分を高めるには、経験を積みあげていくしかない。自分の守備範囲の外に出ることには恐怖と痛みがつきものである。しかしながら若い子どもたちには、外へ目を向けて、痛みを恐れずに飛び込んでいってほしい。自分が積みあげた経験こそが、自分の生きる力となることをぜひともわかっていてほしいと思うのである。

WASE-ACA TEACHERS

国語

東大入試突破への現国の習慣

「大げさな表現」には、その理由があるのです。「あえて」という、「意図」を探るようにしよう！

田《た》中《なか》 利《とし》周《かね》先生

早稲田アカデミー教務企画顧問

東京大学文学部卒。東京大学大学院人文科学研究科修士課程修了。文教委員会委員。現国や日本史などの受験参考書の著作も多数。早稲田アカデミー「東大100名合格プロジェクト」メンバー。

グレーゾーンに照準！　今月のオトナの言い回し「権化」

入試問題で「読み方」を問われることも、また「漢字を書きなさい」と要求されることも多いこの熟語。しっかりと確認できていますでしょうか？　そう、「ごんげ」ですね。

「ある抽象的な特性が具体的な姿をとったのか、と思われるほど、その特性の著しいもの」を意味します。もとは、仏教で、仏様や菩薩様が衆生（しゅじょう）を救済するために、仮に人間に姿をかえて、この世に現れることを意味していました。権現（ごんげん）ともいいますよね。ちなみに権現様といえば、死後「東照大権現」として神格化された徳川家康のことをさします。こちらは逆に、人間が神様にレベルアップした例ですね（笑）。世界遺産でもある日光東照宮は、徳川家康をまつっているのですよ。

さて、この「権化」ですが、国語の読解において最重要ポイントの一つである「抽象と具体」というフレームを考える上で、極めて有益な示唆を与えてくれます！　皆さんも一緒に考えてみましょう。

そもそも論説文というのは、ある抽象的な思想を、筆者が読者に伝えたいがために書かれたものである、ということをしっかりと認識してください。筆者の頭の中にある抽象的な思想を、何とか読者の頭の中にも再現したい！　と、その思いから文章がしぼり出されているのだということを理解してくださいね。ですから筆者は、自分の思いを伝えたい！　というその願いを何とか実現するために、様々な工夫を凝らし、少しでもよりよく相手に伝わるよう試行錯誤を繰り返しているのです。コンピューター上のデータベースのように、右から左へと情報をコピーできればいいのですが、ひとりの人間の頭の中にある情報を、他の人の頭の中へと移しかえる技術、などというものは現在まだ開発されていませんからね。ＳＦの世界の中で描かれ続けてきた「テレパシー」の超能力は、この「思いをそのまま伝える」という、人類の夢を形にしたものなのでしょうね。

さて、テレパシーを使えないわれわれは、あいも変わらず試行錯誤を続けているのですが、その方策の一つとして「抽象の具体化」という手法を採用するのだということを理解してくださいね。目で見たり、手で触ったりすることのできないもの。匂いもしなければ、音が鳴るわけでもない。ましてや、味わうこともできない。そんな五感にうったえることのできない抽象的な概念を、具体的に表現することと。「権化」とは、そんな「抽象的な特質」そのものが、そのまま「モノの姿をとってあらわれる」という、アクロバティックな象徴作用なのです。

少し「権化」の用例を確認してみましょう。

「美の権化」。さてさて、いかがでしょうか？「完璧な美しさを体現している」ということですよ。皆さんの頭の中に、一体何が思い浮かぶのでしょうか？「美」という言葉だけで結びつくイメージなんて、人それぞれですよね。ある人は、「ミロのビーナス」を思い浮かべるかもしれません。ある人は、同じクラスの「あの人の姿」を、脳裏に浮かべてしまうかもしれませんよね。また、ある人は「冠雪した富士山」を。ある人は「バッハの音楽」を。ある人は「疾走するスポーツカー」を…。まさに、千差万別ですよね。これでは、かえって伝わらないではないですか！ そこで、もうひと工夫するのです。「機能美の権化」といえば、どうでしょう？「ある目的のために働く」。その無駄を省いた「働き」にこそ、「美」を見出すというものです。時間を計る、という目的のために、秒針・短針・長針の滑らかな動きによって、見えない時間を可視化する。「腕時計は機能美の権化だ！」なんてね。速く走るという目的のスポーツカーも、この部類でしょう。他にも「様式美の権化」「肉体美の権化」「自然美の権化」と当てはめることはできそうです。「あの人の姿」だけは…難しいですね（笑）。自分にとって「美しい」と感じてしまう「あの人」を、いかに表現するのか。これが「文学」の目的の一つでもあったりしますからね。

では最後に文学作品から。夏目漱石の『吾輩は猫である』の中に「権化」を使ったこんな例文がありますよ。面白さを味わってください。

「君は心配の権化である。…時々その団子っ鼻がぴくぴく動くのは心配が顔面神経に伝わって、反射作用のごとく無意識に活動するのである。」

慇・懃・無・礼?! 今月のオトナの四字熟語「冷汗三斗」

「れいかんさんと」と読みます。「恐ろしかったり、恥ずかしかったりして、ひどく冷や汗をかくこと」を表す四字熟語です。「冷や汗が三斗も出るかと思うほどの恥ずかしい思いをすること」という意味になります。「三斗」って、何の単位かお分かりでしょうか？ 尺貫法の容積の単位で、現在のリットルになおせば「十八リットル」になる大きさですよ。「一斗缶」という直方体の金属缶を見かけたことのある人も多いでしょう。あれが十八リットルの容量をもつ、ブリキでつくられた「一斗缶」なのですよ。

ついでに、尺貫法の「容積の単位」を確認しておきましょう。「一升瓶」ってありますよね。日本酒のビンですよ。あれが一・八リットル。ですから十升が一斗です。ご飯を炊くときに「三合炊いて」などという場合の「合」は、百八十ミリリットル。十合が一升にあたります。合・升・斗の関係、よろしいでしょうか。

さて、この「冷汗三斗」が効果的？に使われた、ある有名な文学作品があります。使用された部分を紹介してみますね。

「なつかしい思い出の中にも、たった一つ、冷汗三斗の、生涯わすれられぬ悲惨なしくじりがあったのです」

「冷汗三斗、いいえ、いま思い出しても、きりきり舞いをしたくなります」

「冷汗三斗」が二度も使用され、「冷汗三斗」がそれを挟みこむ形で「しくじり」の体験が述べられるという、非常に印象深いフレーズとして四字熟語が効果的に使われている例になります。さて、この文学作品とは何でしょうか？

正解は『人間失格』。太宰治の作品です。一体どんな「しくじり」をしたのか？興味を持った生徒さんは、作品を手にとってみましょう。「自分の生涯における演技の大失敗の記録です」と、太宰は記していますよ。

それにしても「冷や汗が五十四リットル」なんて、あまりにも大げさな表現ではないのか？ という気もしますが（笑）、あえて誇張表現をとることで、伝わるイメージというものがあるのです。

ではもう一つ、「斗」を使った極めて印象的な誇張表現をとった作品を紹介してみましょう。正岡子規の絶筆となった俳句です。

「痰（たん）一斗糸瓜（へちま）の水も間に合わず」（痰が十八リットルも出ちゃったよ。咳止めの効果があるという「へちま水」も、役に立たなかったなあ）

結核を患い、体を起こすこともままならなくなった子規の、それでも俳句をつくるという情熱を最期まで持ち続けた、魂の叫びです。悲惨さを感じさせずに、どことなくユーモラスな雰囲気を漂わせた、辞世の句です。このとき、子規は三十五歳。命日である九月十九日は「へちま忌」と呼ばれています。

子規は言います。「悟りということはいかなる場合にも平気で死ぬることかと思っていたのは間違いで、悟りということはいかなる場合にも平気で生きていることであった」と。写実を唱えた子規が「平気で生きる」ためにとった、これは最後の誇張表現であったのです。

$$\frac{(\sqrt{5}+\sqrt{3})^2(\sqrt{5}-\sqrt{3})^2}{\sqrt{2}}$$

$$=\frac{\{(\sqrt{5}+\sqrt{3})(\sqrt{5}-\sqrt{3})\}^2}{\sqrt{2}}=\frac{(5-3)^2}{\sqrt{2}}=\frac{4}{\sqrt{2}}=2\sqrt{2}$$

(2)　$\sqrt{2}+\sqrt{5}=\mathrm{A}$、$\sqrt{2}-\sqrt{5}=\mathrm{B}$とおいて、Aを含むもの同士、Bを含むもの同士を組み合わせて計算します。

$(\sqrt{2}+\sqrt{5}+\sqrt{7})(\sqrt{2}-\sqrt{5}-\sqrt{7})(\sqrt{2}+\sqrt{5}-\sqrt{7})$
$(\sqrt{2}-\sqrt{5}+\sqrt{7})$

$=(\mathrm{A}+\sqrt{7})(\mathrm{B}-\sqrt{7})(\mathrm{A}-\sqrt{7})(\mathrm{B}+\sqrt{7})$

$=(\mathrm{A}^2-7)(\mathrm{B}^2-7)$

$=\{(\sqrt{2}+\sqrt{5})^2-7\}\{(\sqrt{2}-\sqrt{5})^2-7\}$

$=\{7+2\sqrt{10}-7\}\{(7-2\sqrt{10}-7\}$

$=2\sqrt{10}\times(-2\sqrt{10})=-40$

(3)　手順はいろいろありますが、以下のような計算の仕方で解くとミスが少なくて済むと思います。

$11+\sqrt{22}=\mathrm{A}$、$11-\sqrt{22}=\mathrm{B}$とおくと、

$\{(11+\sqrt{22})(22-\sqrt{11})+(11-\sqrt{22})^2\}-\{(11-\sqrt{22})$
$(22+\sqrt{11})+(11+\sqrt{22})^2\}$

$=\{\mathrm{A}(22-\sqrt{11})+\mathrm{B}^2\}-\{\mathrm{B}(22+\sqrt{11})+\mathrm{A}^2\}$

$=\mathrm{A}(22-\sqrt{11})-\mathrm{A}^2+\mathrm{B}^2-\mathrm{B}(22+\sqrt{11})$

$=\mathrm{A}(22-\sqrt{11}-\mathrm{A})+\mathrm{B}(\mathrm{B}-22-\sqrt{11})$

$=\mathrm{A}(11-\sqrt{11}-\sqrt{22})+\mathrm{B}(-11-\sqrt{11}-\sqrt{22})$

$=\mathrm{A}(\mathrm{B}-\sqrt{11})+\mathrm{B}(-\mathrm{A}-\sqrt{11})$

$=\mathrm{AB}-\sqrt{11}\mathrm{A}-\mathrm{AB}-\sqrt{11}\mathrm{B}$

$=-\sqrt{11}(\mathrm{A}+\mathrm{B})=-\sqrt{11}\times 22=-22\sqrt{11}$

続いて式の値を求める計算です。そのまま代入して計算するよりも、因数分解を利用するなど、いろいろと工夫できる問題が多く見られます。

問題2

(1)　$x=\sqrt{3}-2$　のときx^2+4x+5　の値を求めなさい。　　　　　　　　　　　　　　　　　（法政大学）

(2)　$x=\sqrt{5}+\sqrt{2}$、$y=\sqrt{5}-\sqrt{2}$　のとき、$x^2+3xy+y^2$　の値を求めなさい。　　　　　　　　（桐蔭学園）

(3)　$(2+\sqrt{3})^2$の整数部分をa、小数部分をbとするとき、$a-b$の値を求めよ。　　　　　（桐光学園）

＜解き方＞

(1)　前２項を部分的に因数分解してみましょう。

$x^2+4x+5=x(x+4)+5=(\sqrt{3}-2)(\sqrt{3}+2)+5$

$=3-4+5=4$

(2)　$x+y=2\sqrt{5}$、$xy=(\sqrt{5}+\sqrt{2})(\sqrt{5}-\sqrt{2})=3$より、

$x^2+3xy+y^2=(x+y)^2+xy=(2\sqrt{5})^2+3=23$

(3)　無理数の小数部分は、右の図のようにもとの無理数と整数部分を用いて表すことがポイントです。

$(2+\sqrt{3})^2=7+4\sqrt{3}$

で、$4\sqrt{3}=\sqrt{48}$より、

$6<4\sqrt{3}<7$

したがって、

$13<(2+\sqrt{3})^2<14$

これより、整数部分

aは13だから、

小数部分bは$7+4\sqrt{3}-13=4\sqrt{3}-6$

よって、$a-b=13-(4\sqrt{3}-6)=19-4\sqrt{3}$

◆例えば、$\sqrt{2}$の小数部分は

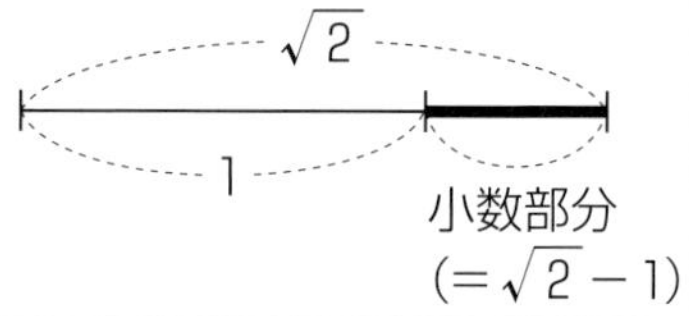

$\sqrt{\mathrm{A}}$が整数になるのは、Aが平方数(整数の２乗）になっているときです。そこで、倍数の性質や素因数分解を利用することになります。

問題3

(1)　$\sqrt{297n}$の値が整数となるような自然数nのうち、最も小さいnの値を求めなさい。　（都立・青山）

(2)　nは正の整数とする。このときの値が正の整数となるようなnの値をすべて求めなさい。

（中央大学附属）

(3)　$\sqrt{n^2+152}$が整数となるような自然数nをすべて求めなさい。　　　　　　　　　（慶應義塾）

＜解き方＞

(1)　$\sqrt{297n}=\sqrt{3^3\times 11\times n}=\sqrt{3\times 11\times n}$より、求める最小の自然数$n$の値は、$n=3\times 11=33$

(2)　$\sqrt{248-8n}=\sqrt{8(31-n)}=2\sqrt{2(31-n)}$より、$31-n$が$2\times(\text{整数})^2$となるとき$\sqrt{248-8n}$は正の整数となる。

nは正の整数だから$0<31-n<31$より、$31-n$がとりうる値は2×1^2、2×2^2、2×3^2

これより、$n=29$、23、13

(3)　$\sqrt{n^2+152}=m$(ただし、mは整数）とおくと、$n^2+152=m^2$　より

$m^2-n^2=152$　$(m+n)(m-n)=152$　さらに$m+n>m-n>0$だから

$m+n$	152	76	38	19
$m-n$	1	2	4	8
m	×	39	21	×
n	×	37	17	×

上の表より、$n=17$、37　　（×印は整数解とならない）

平方根はこの先に学習する２次方程式の解法や三平方の定理の利用などの単元における大切な基礎になります。しかも、平方根の考え方は中３で初めて出てくるものですから、いままでの数学の力の差が出にくい単元です。その意味で、いままで数学の成績が伸び悩んでいた人も、一気に挽回するチャンスと考えてしっかり練習していきましょう。

WASE-ACA TEACHERS

数学

楽しみmath
数学！DX

平方根をマスターし
数学の成績を挽回！

登木 隆司先生

早稲田アカデミー　城北ブロック ブロック長
兼 池袋校校長

今月は、中3で新しく登場する数である平方根を学習していきたいと思います。

はじめに、平方根の性質を確認しておきましょう。

平方根の基本性質

$a>0$、$b>0$のとき、

① $(\sqrt{a})^2=a$、$(-\sqrt{a})^2=a$

② $\sqrt{a}\times\sqrt{b}=\sqrt{ab}$

③ $\sqrt{a^2b}=a\sqrt{b}$

根号を含む計算は、上の平方根の性質を用いて行うわけですが、ここで注意しておきたいことがあります。例えば、次のような計算を見てください。

＜例1＞ $\sqrt{10}\times\sqrt{15}$

ごく初歩の計算ですが、これを

$\sqrt{10}\times\sqrt{15}=\sqrt{10\times15}=\sqrt{150}=\sqrt{2\times3\times5^2}=5\sqrt{6}$

というように計算をしている人を見かけることがあります。しかし、平方根の計算では根号内の平方因数を外に出して最も簡単な形で答えるのが原則なので、～～線の部分は必要のない計算ですね。

＜例2＞ $4\sqrt{54}\div3\sqrt{84}$

$\frac{4\sqrt{54}}{3\sqrt{84}}$としてから有理化すると少し面倒です。分母の有理化が必要な計算では、「約分→根号内を簡単にする→有理化」の順に進めると、計算途中で数が大きくなりにくく、ミスも出にくくなります。ですから、ここでは、はじめに分子・分母を$\sqrt{6}$で約分しましょう。また、最後の約分も忘れてはいけませんね。

$\frac{4\sqrt{54}}{3\sqrt{84}}=\frac{4\sqrt{9}}{3\sqrt{14}}=\frac{12}{3\sqrt{14}}=\frac{4}{\sqrt{14}}=\frac{4\sqrt{14}}{14}=\frac{2\sqrt{14}}{7}$

このように式全体をよく見て、同じ素因数がないか、約分ができないかなどを考えて計算を進めることがポイントです。

平方根の計算は、どの学校の入試でも必ず出題されています。次のような乗法公式を利用する複雑な計算も少なくありませんので、十分な練習が必要です。

問題1

(1) $\frac{(\sqrt{5}+\sqrt{3})^2(\sqrt{5}-\sqrt{3})^2}{\sqrt{2}}$ （神奈川県立・鎌倉）

(2) $(\sqrt{2}+\sqrt{5}+\sqrt{7})(\sqrt{2}-\sqrt{5}-\sqrt{7})$
$(\sqrt{2}+\sqrt{5}-\sqrt{7})(\sqrt{2}-\sqrt{5}+\sqrt{7})$

（立教新座）

(3) $\{(11+\sqrt{22})(22-\sqrt{11})+(11-\sqrt{22})^2\}$
$-\{(11-\sqrt{22})(22+\sqrt{11})+(11+\sqrt{22})^2\}$

（慶應義塾女子）

＜解き方＞

(1) 公式$(a+b)(a-b)=a^2-b^2$ を利用します。

WASE-ACA TEACHERS

英語

ニュースな言葉

annular solar eclipse

川村 宏一先生

早稲田アカデミー 教務部中学課 上席専門職

On May 21, 2012, the annular solar eclipse will be observed in Japan since it was observed in Okinawa area in 1987.

今回のニュースは単語が難しかったかもしれません。しかし、使われている英語構文は単純なので、英単語の解説をしつつ日本語訳にチャレンジしてみましょう。

まず「annular solar eclipse」ですが、これは「金環日食」のことです。「金環日食」という日本語を初めて聞いたという人もいるかもしれませんね。太陽が月に完全に隠されることを「皆既日食」と言いますが、そのなかでも月の周りから太陽の光が見えるものを「金環日食」と呼びます。

英文解説からちょっと反れてしまいましたが、この英文の最初の部分は、「On May 21, 2012, the annular solar eclipse will be observed／(2012年5月21日、金環日食が観測されるでしょう。)」と訳せます。「観測される」と日本語に訳しましたが、「～される」という受け身の言い方を「受動態」と言います。受動態は「be＋動詞の過去分詞」の形で表され、現在・過去・未来といった、時制はbe動詞を変化させることで表します。この英文の場合は、助動詞「will」を使い、未来を表す文章になっています。助動詞の後ろの動詞は原型でなければならないので、今回の受動態は「助動詞＋be＋動詞の過去分詞」となっています。

そして後半の文章ですが、過去形の受動態が用いられています。よって、「since it was observed in Okinawa area in 1987.／(それが1987年に沖縄地域で観察されてから)」となります。ここの「it（それ)」は「金環日食」を指しています。

さて、「受動態」は動作を受ける側なので、動作主がいるはずですね。この英文で金環日食を観察するのはだれでしょう？　おそらく日本の老若男女問わず、さまざまな人が観察するでしょう。今回の英文の「the annular solar eclipse will be observed」を、「～する」という「能動態」の文章に直すと、「We will observe the annular solar eclipse.」というように、主語を「we」で表せます。能動態の文章の動作主は受動態では「by～（～によって)」で表すことができますが、動作主が一般的な人や漠然とした人を指す場合などは省略されることが多く、今回の英文では「by us」が省略されていると考えられます。

では、整理してニュース英語を日本語に訳してみましょう。

“On May 21, 2012, the annular solar eclipse will be observed in Japan／「2012年5月21日、日本で金環日食が観察されます。」” ／ “since it was observed in Okinawa area in 1987.／「これは1987年、沖縄地域で金環日食が観察されて以来のことです。」”

基本の確認

能動態を受動態に変えるとき、能動態の目的語が主語の位置にきます。

「能動態」 名詞1　動詞　名詞2

We see the moon at night.

「受動態」 名詞2　be＋過去分詞　by＋名詞1

The moon is seen at night by us.

能動態の主語（名詞1）は、受動態では前置詞byの目的語になって文末に移動します。また、受動態のbe動詞は受動態の主語の人称・数と一致するので、能動態の形に変えたときは、主語の人称・数に注意しましょう（受動態とby以下の名詞に合わせることになります)。

ミステリーハンターQの 歴男歴女養成講座

ミステリーハンターQ（略してMQ）

米テキサス州出身。某有名エジプト学者の弟子。1980年代より気鋭の考古学者として注目されつつあるが本名はだれも知らない。日本の歴史について探る画期的な著書『歴史を掘る』の発刊準備を進めている。

山本 勇

中学３年生。幼稚園のころにテレビの大河ドラマを見て、歴史にはまる。将来は大河ドラマに出たいと思っている。あこがれは織田信長。最近のマイブームは仏像鑑賞。好きな芸能人はみうらじゅん。

春日 静

中学１年生。カバンのなかにはつねに、読みかけの歴史小説が入っている根っからの歴女。あこがれは坂本龍馬。特技は年号の暗記のための語呂合わせを作ること。好きな芸能人は福山雅治。

平清盛

「平氏にあらずんば人にあらず」と言われた平氏全盛期。その中心であった平清盛が生きた激動の時代を見てみよう。

勇 ＮＨＫの大河ドラマで平清盛を放送していて、毎回見ているよ。

静 私も。松山ケンイチさんがかっこいい。

MQ 平清盛が生きた時代は12世紀。それまでの公家中心の政治が崩れ、武家が台頭していく時代だね。世の中が乱れていて、いまの不透明な時代と似ていると感じている人も多いようだね。

勇 清盛って、どうして政権をとれたの？

MQ 当時は藤原摂関家を中心とした公家の政治が行き詰まり、天皇が譲位して院政をしくようになっていたんだ。そうしたなかで、源氏や平氏などの武家は都の治安を守るなどして、次第に実力を認められるようになっていったんだ。

静 院政はうまくいかなかったの？

MQ 朝廷内では、院と天皇が対立したりして、安定した政治が行われていなかったんだ。そんななか、武士は力を得て、朝廷内のもめごとまで解決するようになり、政治の実権を握るようになっていったんだ。

勇 源氏はどうしてたの。

MQ １１５６年に起こった保元の乱では、源氏、平氏が崇徳《すとく》上皇側と後白河天皇側とに入り乱れて戦い、清盛や源義朝らがついた後白河天皇側が勝ったんだけど、１１５９年の平治の乱では源氏対平氏の戦いとなって、平氏が圧勝したんだ。清盛は１１６７年には太政大臣となって、政権を握ってしまったんだ。

静 太政大臣って公家みたい。

MQ そうだね。清盛は娘の徳子を高倉天皇の中宮（后）にして、天皇の外戚となり、弟や子、甥ら一門の者が要職を占めたんだ。

勇 知ってる。「平氏にあらずんば人にあらず」とまで言われたんでしょ。

MQ そうなんだ。でも、やり方があまりに公家に似ていたんで、地方の武家から反発が起きた。また、すでに譲位していた後白河法皇や藤原氏の旧勢力とも対立するようになっていたんだ。

静 再び源氏が登場するの？

MQ １１８０年には以仁王《もちひとおう》、源頼政が挙兵、さらには源（木曽）義仲も挙兵した。以仁王らは敗死したけど、義仲は討伐に行った平氏の軍勢を負かしてしまったんだ。そんな知らせを聞きながら、清盛は１１８１年に熱病で死ぬ。

勇 その後は源平合戦だね。

MQ 源義朝の子の頼朝らが挙兵して１１８５年には平氏は滅んで、その後、鎌倉幕府ができるんだ。

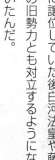

みんなの数学広場

問題編

答えは次のページ

TEXT BY かずはじめ
数学を子どもたちに、楽しく、わかりやすく、使ってもらえるように日夜研究している。
好きな言葉は、"笑う門には福来る"。

初級～上級までの各問題に生徒たちが答えています。
どの生徒が正しい答えを言っているか当ててみよう。
もちろん、当てずっぽうじゃなく、実際に問題を解いてみてね。

上級

前号の初級をパワーアップ！
1本のロープを真ん中で半分に折り、その真ん中でさらに半分に折り、その真ん中をはさみで切ります。

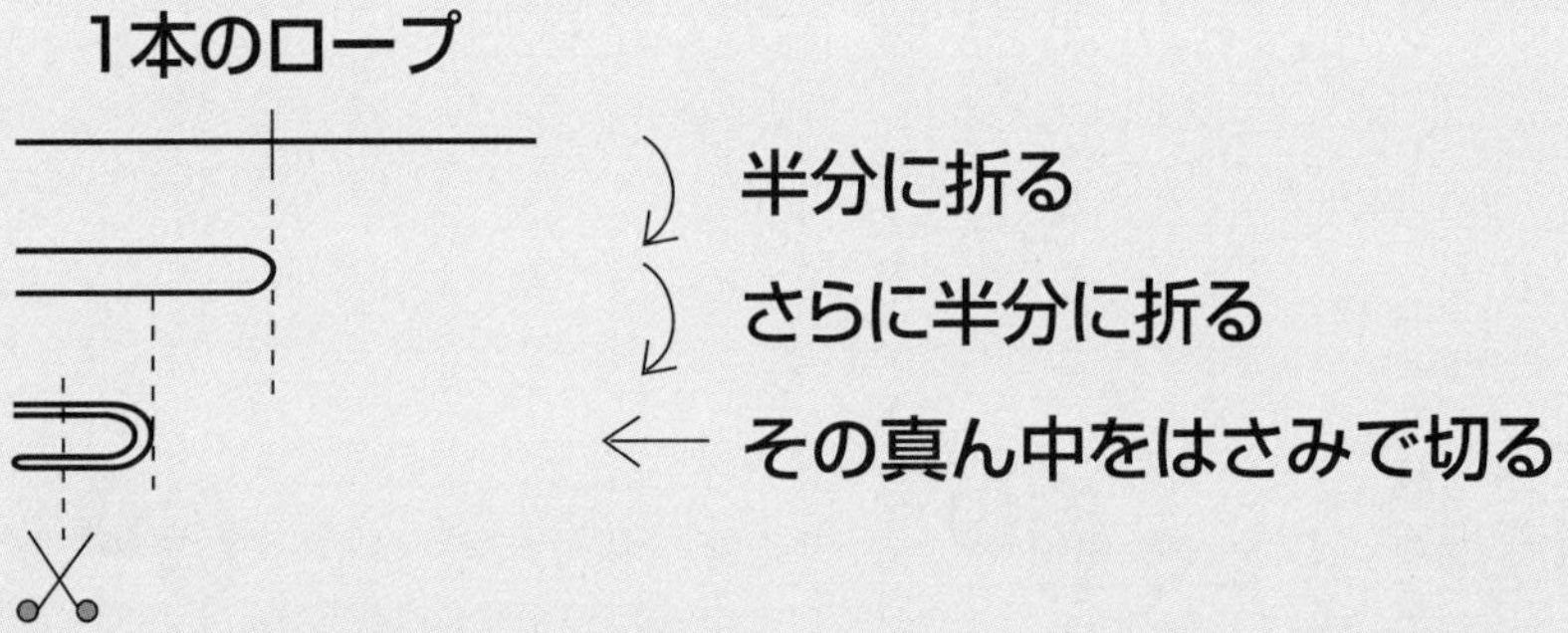
1本のロープ
半分に折る
さらに半分に折る
その真ん中をはさみで切る

このときロープは5本になります。
つまり1本のロープを2回半分ずつに折って真ん中で切ると5本のロープができることになります。

では、同じルールで1本のロープを何回か半分ずつに折って真ん中で切るとき、初めて100本以上のロープができるのは何回折った場合でしょうか。

A
数えればわかります。
答え 6回
B
ちゃんと計算しました！
答え 7回
C
実際にやってみたけどわからなかった…。だから、勘で！
答え 8回

中級

みなさん、スウィフトの『ガリバー旅行記』を読んだことはありますか?
その物語のある1節からの問題です。

ガリバーがこびとの国に打ち上げられたときのことです。
ガリバーは1食につき、こびと何人ぶんの食べ物を食べたのでしょうか?

ヒント: こびとはガリバーの $\frac{1}{12}$ の身長でした。

身長が12分の1なら1人前は12人ぶんでしょ。
答え
12人ぶん
B
12を2乗すれば出ます!
答え
144人ぶん

初級

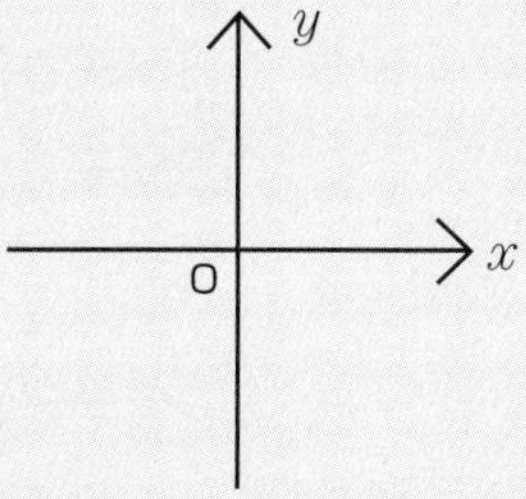

x軸とy軸の交点を原点と言いOと書きますが
Oとはなんのことでしょうか?

12を3乗すればいいんだよ!
答え
1728人ぶん

ここから始まるので数字です。
答え
0(ゼロ)
B
英語のoriginの頭文字です。
答え
O(オー)

見たままです。
答え
○(マル)

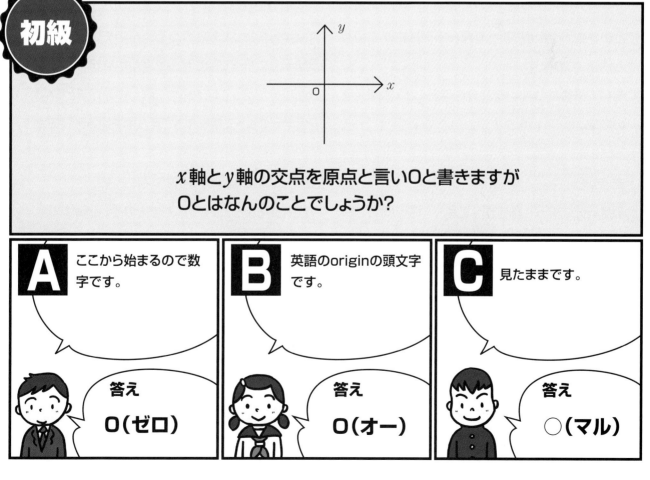

上級

正解は　答え B

ちょっと工夫するとすぐにわかります。

1本のロープを

1回半分に折って

このタイミングで輪を作ります。（状態A）
つまり両端をつなげます。

これを半分に折ると（状態B）
（2回目）

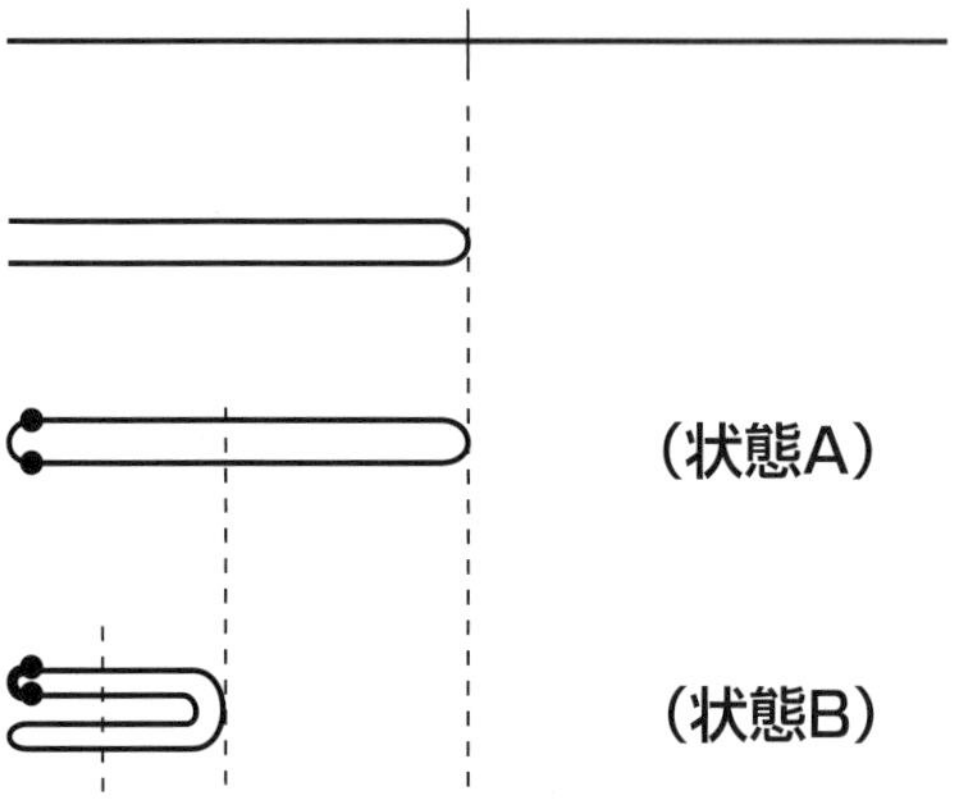

状態Aの真ん中をはさみで切るとロープは2本。

状態Bの真ん中をはさみで切るとロープは4本。

というように半分に折って真ん中をはさみで切ると2倍になります。

そして最後につないだ部分をほどくと1本増えるのです。

ですから

1回半分に折って輪を作って真ん中を切ると2本

2回半分に折って輪を作って真ん中を切ると4本

3回半分に折って輪を作って真ん中を切ると8本

4回半分に折って輪を作って真ん中を切ると16本

5回半分に折って輪を作って真ん中を切ると32本

6回半分に折って輪を作って真ん中を切ると64本

7回半分に折って輪を作って真ん中を切ると128本

最後につないだ部分をほどくと、

7回折ったときに129本できるので、正解は7回。

6回だと64+1で65本にしかなりません。

8回だと257本ですが、先に100を超える回数がありましたね。

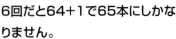

中級

正解は　答え **C**

こびとがガリバーの$\frac{1}{12}$の身長ということは
単純に相似比は1:12です。
体積比は相似比の3乗の比で求められます。
ですから
$1^3:12^3=1:1728$　になります。

原文では1740人分だった気がします(笑)。

12はある数の3乗にはなりにくいですよ。

12×12は面積比ですね。ちょっとおしい。

初級

正解は　答え **B**

originとは、「起源・根源」という意味ですが数学では原点を表します。
ですからよく原点O(ゲンテンオー)と言います。

ゼロと読みたい気持ちはわかります!

マルってことはないでしょ。

先輩に聞け!
大学ナビゲーター

千葉大学

法経学部経済学科4年

今井《いまい》 智広《ともひろ》さん

5教科の勉強を諦めなかったことで志望した千葉大学へ進学

地方銀行に就職し 地域のお客様を支えたい

――千葉大学を志望した理由を教えてください。

「千葉東高校だったので、千葉大が隣にあり高校1年生のときからなんとなくですけど、千葉大を意識していました。

千葉東は1、2年生のときから宿題や課題が多く、受験勉強にかける時間や塾に行く暇がありませんでした。ですから大学受験の勉強を始めたのも、高校3年生の部活が終わってからでした。国公立大合格を第一目標にしている高校なので、早くから私立大の3教科に絞って勉強していると先生に注意されるんです。でもなかには、3教科に絞って勉強している友だちもいたのですが、『できるんだ』と自分に言い聞かせて国公立大の5教科を頑張っていました。」

――どうして経済学科を選択したのですか。

「経済学科を選択したのは、社会科で政治・経済を選択していて、そのなかでお金の動きに興味を持ち始めたのがきっかけです。

大学に入学してみて、お金の動きに関する講義などは楽しかったのですが、西洋経済史はそうでもなかったですね。西洋経済史は、お金の動きを学ぶのではなく、西洋の歴史や経済理論を勉強するので、聞いていてかなり退屈な講義でした。」

――ゼミではどういうことを勉強していますか。

「興味があった財務会計のゼミを選択し、財務諸表論や企業の利益や収支を、総合的に学んでいます。ゼミではテキストの指定された項目を、プリント4～5枚のレジュメを作って発表していきます。

独学で簿記2級を取得したので、将来はそれを活かして金融関係の仕事をしてみたいと思っています。」

――金融関係の仕事とは、どういったものですか。

1 得意な教科と苦手な教科

小学校のときに公文式に通っていて計算が得意だったので、中学のときは数学が得意でした。高校に入っても1年までは得意で「理系に進むんだろうな」と考えていたのですが、高校2年になって突然苦手意識を持つようになり、結局は文系に進みました。

苦手な教科は強いて言うなら国語が苦手でした。長文問題がなかなか答えにたどり着けないのでダメでした。安定していい点は取れなかったのですが、入試のときにたまたま結果がよかったので高校に合格できました。なぜできたのかわからないですけど（笑）。

2 旅行と野球観戦が趣味

小学校4年生まで横浜に住んでいたので、それまでは横浜ベイスターズ（現・横浜DeNAベイスターズ）ファンだったのですが、千葉に引っ越してきてから、千葉ロッテマリーンズファンになりました。中学や高校のときは部活で時間がなく野球観戦にあまり行けなかったのですが、大学に入り時間に余裕ができたことで、年間20試合くらいはユニフォームを着て友だちと野球場に応援をしに行っています。

旅行は野球観戦も兼ねて大阪や仙台に行ったり、中学校の修学旅行で行った長野県に、まったく同じルートをレンタカーでたどったりしました。

3 千葉東高校を志望した理由

中学のときに塾に通っていて、塾から千葉県でトップ校の県立千葉高校をめざすように言われていたのですが、家から近いこともあり、千葉東高校を志望校にしました。

4 中学生のころの勉強方法

中1～3年生までは塾に通っていたので、塾の勉強をしていました。自分は書いて覚えるのではなく、教科書をひたすら読みながら、見て映像にして覚えていました。数学はひたすら問題を解いていましたね。

5 受験生へのアドバイス

勉強を長続きさせるためには、自分の趣味などを勉強の合間に入れて、ストレスをためないようにすることです。そうすることで頑張れますよ。

「銀行を考えています。メガバンクは志望していなくて地方銀行を考えています。地域に密着していて、お客さまと仲良くなれる地方銀行のほうが、自分には合っていると思います。ですから千葉銀行や信用金庫のような地方銀行に就職したいです。」

――就職活動はどうですか。

「大変ですね。朝起きたらまずは、パソコンのメールチェックから1日が始まります。

じつは昨年、携帯電話の機種変更をするときに、スマートフォンにしようと考えたのですが、どうしてもスマートフォンの操作の仕方が好きになれず、普通の携帯電話にしました。ですから、パソコンでメールをチェックしないといけないんです。

3月から説明会がだんだん増えてきて、4月からは、毎日のように面接が続いています。」

――サークルはなにか入っていますか。

「いまは就職活動で参加していないのですが、テニスサークルに入っていました。小学校から高校まで、約10年間野球をしてきて、野球と同じ『打つ』という動作から、テニスを選択しました。

あまり人数がたくさんいるサークルだと、おもいっきりテニスができないと思い、人数が少ない30～40人くらいのテニスサークルを選択しました。夏は山梨県に3泊4日の合宿があり、普段は週2～3日活動して、そのほかにも個人的にコートを予約してゲーム練習ばかりしていましたね。野球をしているときと同じくらいテニスもかなり熱中していました。」

――卒業論文はどんなことをする予定ですか。

「まだはっきりとしたことは決まっていませんが、同じ業種の2つ会社の収支や利益などを比較・分析してみたいと思っています。そして、この会社はどういうところに力を入れているのかなどを調べて、卒業論文にまとめたいと思っています。」

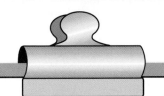

頭をよくする健康

by FUMIYO
ナースでありママでありいつも元気なFUMIYOがみなさんを元気にします！

今月のテーマ　五月病

ハロー！　FUMIYOです。4月は入学・進級といろいろ変化する時期です。

初めての環境で緊張している人や、クラス替えで初めて一緒になるクラスメイトに不安な気持ちになっていた人もいるんじゃないかな。また、勉強や部活を頑張ろうと気合いが入っていた人もいたと思います。そんな4月が終わり、5月になって、こんな症状が出ている人はいませんか？

・なんだかやる気が起きない
・イライラする
・不安や焦る気持ちがある
・眠れない（途中で目が覚めてしまう）
・頭痛、腹痛がある
・食欲がない

思い当たる点があったらちょっと疲れているのかも。もしかして五月病かも…。

五月病とは、入学・就職など、4月からの新しい環境に適応できないことによる精神不安定な状態を言います。症状は特別な症状ではありません。上にあげただれもが1度は経験したことがあるような症状なのです。

例えば、「最近学校に行く前、お腹が痛いような気がするけど、朝しか痛くないし、元気だから大丈夫かなぁ」とか「最近寝ようと思って目を閉じても、考えごとが浮かんできてしまって、なかなか眠れないなぁ」など、症状が出ていてもすぐ気付かず、しばらくしてから身体の不調に気付くことが多いのです。

環境や生活リズムが変わると、私たちの心と身体はその生活に慣れようと（適応しようと）します。しかし、身体はすぐには慣れてくれません。生活パターンが出来あがるまで（適応するまで）、心身には負担（ストレス）がかかります。そのストレスがたまり無理が続くと、五月病と言われる精神不安定な状態を引き起こしてしまいます。

どんな人がストレスをためやすいのか見てみましょう。

・頑固で物事にとらわれやすい人
・完璧主義
・相手に合わせて自分を抑えてしまう人
・几帳面な人

もし、心当たりのある人はとくに気を付けて上手にストレスを発散しましょう。

では、ストレスをためない方法をお教えしましょう！

・しっかり休息を取りましょう。身体の不調を感じたら、まず、ゆっくり休みましょう。
・お休みの日には趣味やスポーツなど、好きなことに時間を使いましょう。
・外に出かけたり、お友だちとお喋りしたりなど、気分転換しましょう。日常と違う環境、開放感を感じることは、とても効果的です。
・ゆっくりお風呂につかったり、お気に入りの音楽を聴く、アロマオイルでマッサージしたりして、リラックスしましょう。
・バランスのよい食事をしっかり取りましょう。

もし五月病かな？ って感じたときは、ストレスによって私たちの脳は十分に働いてくれません。ということは勉強しても、頭には入っていかないということですね。これはまずい！　だから、心身には余分なストレスをかけないように、まずは、美味しいご飯を食べて、生活リズムを意識して生活してみましょう。

Q1　五月病は英語でなんと言う？
①May syndrome　②student apathy
③September apathy

正解は②
1961年、アメリカの心理学者・ウォルターズが、「大学生に見られる、慢性的な無気力状態を示す男性に特有の青年期発達の障害」と病的なものではないと区別したことに始まります。広い意味では、無気力な状態の学生をさす言葉としても使われます。夏休みなど、長期お休みの後にも、五月病のような症状が出ることもあります。

Q2　脳が一番冴えるのは食後およそ何時間でしょう？
①食後30分　②食後1時間　③食後2時間

正解は③
食事をすると、栄養を消化・吸収し、血糖値があがります。血糖値があがることによって、脳で作られるFGF（繊維芽細胞成長因子）という物質が増加します。FGFが増加することによって、記憶力や集中力が高まり学習効果を促進させます。そのFGFの量がピークに達するのが食後およそ2時間なのです。

第28回

あれも日本語　これも日本語

「うける」の語源とは!?

みんなの前でおもしろいことをしたり、言ったりして、みんなから笑ってもらうことを「うける」って言ってないかな。「このあいだ、冗談を言ったら、うけちゃって」とか「あの漫才、大うけだった」なんて感じで、みんなもよく使っていると思う。

新聞や雑誌なんかでも「受ける」と漢字で書いてある場合がある。でも、本来は「うける」は「受ける」ではないんだ。

ではなにかというと、「うける」は易《えき》の「有卦《うけ》に入《い》る」が縮まってできた言葉なんだ。

易ってあまりなじみがないかもしれないけど、算木《さんぎ》とか筮竹《ぜいちく》という道具を使って、吉凶なんかを占うことをいう。

古代、中国で始まったもので、日本でも広く知られている。道路で「易断《えきだん》」「占」なんて書いた紙を貼って、ろうそくを灯し、運命を占いますといって座っている人を見たことがないかな。この人たちは易者といって、人相や手相などからその人の運勢を占う人なんだ。

その易のなかに「有卦の年回り」というのがあって、その年回りになると、何事もうまくいくといわれている。その年回りになることを「有卦に入る」といい、ラッキーな状態を指すようになっていたんだ。

「有卦に入る」が縮まって、「うける」となったのは昭和の戦前、戦後ごろではないだろうか。その場合は「ウケる」なんて書き方をしたんだね。

それが語源なんだけれど、戦後は「拍手喝采《かっさい》を受ける」という意味での「うける」も加わって、「うける」を「受ける」と漢字でも書くようにもなっている。さらに、「大いにうける」を「大受け」なんて略している。だから、漢字で「受ける」と書いても、必ずしも間違いとはいえない。

本来は易の意味から来た言葉だけど、「拍手喝采を受ける」の意味も加わってニュアンスが変わってしまったわけだ。それがさらに、単に「おもしろいこと」という意味の「うける」となったのは１９８０年代以降らしい。

こうして、古来の易からスタートした言葉が、若者たちが独占的に使う言葉へと変化していったんだね。

サクニュー!!
ニュースを入手しろ!!

産経新聞 編集委員 大野敏明

今月のキーワード

世界記憶遺産 検索

「世界遺産」という言葉をご存じだと思います。文化遺産と自然遺産に分かれていて、日本だと、姫路城や原爆ドームなどが文化遺産に登録されています。自然遺産だと白神山地や小笠原諸島などがあります。文化遺産、自然遺産ほど有名ではありませんが、「世界記憶遺産」というのもあります。

世界記憶遺産は、存続の危機にある貴重な記録を遺産として登録して保護していこうというものです。

文化遺産、自然遺産と同じく、ユネスコ（国連教育・科学・文化機関）が保護活動を行っています。世界記憶遺産は、文化遺産、自然遺産から遅れて、1997年から登録を行っています。これまで登録されたのは昨年5月時点で268点です。

最も多いのはドイツで、「グリム童話」「ニューベルンゲンの歌」「ベートーベンの交響曲第九番の自筆楽譜」などがあります。

英国の「マグナ・カルタ（大憲章）」、オランダの「アンネの日記」も登録されています。

アジアでは韓国が多く、「朝鮮王朝実録」やハングル制定のもととなった「訓民正音解例本」などが登録されています。

中国も「本草綱目」「黄帝内経」などが登録されています。

日本は長らく登録がありませんでしたが、炭鉱記録画家の山本作兵衛が描いた筑豊の炭鉱画約700点が、昨年5月に第1号として登録されました。

山本は1892年、福岡県生まれで、自らも炭鉱で働き、その後、炭鉱の実態を後世に伝えようと、墨や水彩で1000点以上の絵を残しました。明治から昭和の戦後までの炭鉱の実態を知るうえで貴重な資料といえます。

国連教育・科学・文化機関(ユネスコ)の世界記憶遺産登録が決まった、絵師山本作兵衛の炭鉱画(複製)を鑑賞する来館者(福岡・田川市石炭・歴史博物館)時事　撮影日:2011-06-02

これ以外では、藤原道長の日記である「御堂関白記」、支倉常長関連の「慶長遣欧使節関係資料」（いずれも国宝）を推薦することにし、来年の登録をめざしています。また、鳥羽僧正による「鳥獣戯画」や「源氏物語絵巻」（いずれも国宝）なども申請すべきだとの意見もあり、候補として推薦する方向で検討が進んでいます。

申請は政府だけでなく、だれでもすることができ、申請があればユネスコ本部が第１次審査を行い、通過すると、2年ごとに行われる国際委員会定期総会で決定されます。したがって、来年5月が次の定期総会ということになります。

認定を受けるとユネスコから保存のための給付金が支給される仕組みになっています。

高校受験 ここが知りたい Q&A

Question

大学附属校のメリットは大学受験がないだけですか？

第１志望の選択で迷っています。家族は私立大学附属校への進学を強く勧めるのですが、自分は大学入試をしたいので附属ではない学校に行きたいのです。附属校にするかどうかは、どのように考えたらいいですか。

（世田谷区・中３・Y.K）

Answer

大学附属校と言っても大学受験を行う学校もあります。

大学附属の私立高校は、ひとくちに附属といっても、その内容はさまざまです。

その併設大学にほぼ全員が進学するタイプの学校や、附属している大学には卒業生の半分程度が進学し、半分は他大学に進む、いわゆる半附属の学校もあります。さらには、附属もしくは学校系列が大学と同一であっても、ほぼ全員が他大学に進む進学校の形をとる大学附属校もあります。

大学進学状況のみをみても、このように異なった様相となっています。一般に、附属高校から併設大学への進学は学内推薦となり、高校で一定の成績をマークしていれば入学できるメリットがあります。大学受験のための特別な準備をしなくていいことが附属校の魅力と言えるでしょう。

ただし、附属とはいえ、とくに人気のある医学部進学を希望する場合などは、推薦レベルも高く、校内でもトップクラスの成績を要することもあります。

先にあげた附属高校のタイプのうち、半附属といわれる学校の場合は、附属のメリットを活かしつつ進学校としての側面もあるため、高校入学後に幅広い選択肢から進学先を選ぶことができる利点があります。

志望校選択においては、それぞれの学校の特性を見極め、自分の希望や将来への進路と照らし合わせつつ考えていきましょう。

『本を読むわたし』

著／華恵
刊行／筑摩書房
価格／700円＋税

『本を読むわたし』

いつもいっしょにいたのは本だった 14歳が描き出す「本と私」の幸福な関係

10歳からモデルとして活躍し、映画にも出演。現在はエッセイストとしていろいろな媒体に文章を書きながら、東京芸術大学音楽学部に通っている著者の華恵さん。彼女が4歳から14歳までの自分と本にまつわる思い出を書き綴ったのがこの『本を読むわたし』だ。

今回紹介しているのは、元々は2006年に出版されたものを加筆修正して2011年に文庫化したものなので、著者いわく文章表現などは整えたということだが、それでも14歳とは思えない表現力や感じ方、考え方には驚かされてしまう。そう、この本を書いたとき、著者はみんなと同年代の14歳だったんだ。

4歳のときに初めて買ってもらった絵本『I Like Me!』（翻訳版『わたしとなかよし』）の思い出から始まり、少しずつ大きくなりながら、その時々の印象に残った本と、当時の自分や家族、友だちについて書き綴っていく。著者は6歳までアメリカに住んでおり、両親の離婚に伴って、小学校入学の半年前に日本にやってきた。それまでの生活が一変し、周りにいる人々や活かす言葉まで変わってしまう。そうした状況のなかで「ずっといっしょだった」のはたくさんの本だった。

本は、彼女にたくさんのことを教えてくれた。いつでも自信満々で、自分大好きの豚の女の子が主役の『I Like Me!』は、自分を好きでいることの大切さを。内気な白人の少年と、陽気な黒人の少年が友だちになっていく『Yo! Yes?』は、みんな違っているのが当たり前で、それでいいんだということを。

また、本は彼女を励まし、慰めてもくれた。盲腸の手術跡を誇らしげにみんなに見せる女の子『マデリーン』は盲腸の手術の恐怖から開放し、元気をくれた。『てぶくろを買いに』『きつねとぶどう』は、日本の小学校に入学することになった不安を和らげてくれた…。

この本を読んでみれば、みんなももっと本が読みたくなるかもしれない。「本っていいな」。そう思わせてくれる1冊だ。

SUCCESS CINEMA

サクセスシネマ vol.28

涙があふれるせつない純愛映画

イルマーレ

2006年/アメリカ/ワーナー・ブラザーズ/監督:アレハンドロ・アグレスティ

「イルマーレ」DVD発売中　1,500円(税込)
発売元:ワーナー・ホーム・ビデオ

2年の時空《とき》を越えた純愛物語

キアヌ・リーブスとサンドラ・ブロックと言えば、アクション映画の「スピード」というイメージですが、あの代表作から12年。今度はしっとりとした大人の純愛映画で私たちを魅了してくれました。

原作は韓国の同名映画。「イルマーレ」とはイタリア語で「海」という意味で韓国映画では海辺の家が舞台でしたが、本作の設定ではシカゴの美しい田園風景のなかにポツンと佇む湖畔の家になっています。カギを握るのはこの湖畔の家にある不思議な郵便ポスト。どういうわけか2004年と2006年という2年の時間差を結び郵便物がお互いに届けられるのです。2人が時差に気付くキッカケとなったのは、手紙に書かれていた「犬の足跡」。この2年という遠くない時差が絶妙な距離感を生み出しています。時差に気付いてからも文通を続け、お互いの心情を綴るうちに愛を深めていく2人は、会いたさを募らせていきます。

複雑に入り組んだ迷路のような時空を超えて、2人は出会うことができるのでしょうか。優しいエンディングが、温かな余韻を残します。

タイヨウのうた

2006年/日本/松竹/監督:小泉徳宏

「タイヨウのうた」スタンダード・エディション
DVD発売中　3,990円(税込)
発売・販売元:ジェネオン・ユニバーサル・エンターテイメント

切ない想いを歌に乗せて

太陽の光にあたると死んでしまうかもしれないXP（色素性乾皮症）という難病に侵された女の子、薫（＝YUI）と、サーフィンを愛する高校生の男の子、孝治（＝塚本高史）の甘く切ない恋を描いたラブストーリーです。歌が好きで夜な夜なギターを片手に公園で路上ライブをする薫役を演じたのは、この映画が女優初挑戦となった人気シンガーソングライターのYUI。映画の大切な場面で流れるYUIのピュアで繊細な歌声が観る人の心を熱くします。いまにも消えてなくなってしまいそうな儚さと、明るく前向きに生きようとする強さを演じたYUIは日本アカデミー賞の新人俳優賞を受賞。興行収入11億円を突破し、異例の大ヒットを記録しました。主題歌になっているYUIの「Good-bye days」も20万枚のCDセールスを記録。原作は1993年の香港映画「つきせぬ想い」となっていますが、時代に合わせて大幅にリメイクされ、主人公がミュージシャンという設定も改筆によるものです。また、本作と同時期に同じタイトルでテレビドラマ化もされ、話題を呼びました。

ローマの休日

1953年/アメリカ/パラマウント映画/監督:ウィリアム・ワイラー

「ローマの休日」ＤＶＤ発売中2,625円(税込)　発売元:パラマウント ジャパン

世界中の人に愛される名作

製作から半世紀を過ぎてもまったく色褪せない純愛映画をご紹介します。

ある男性ジャーナリスト、ジョー・ブラッドレー（＝グレゴリー・ペック）が深夜の街角で寝入っている女性に出合います。それは、なんとローマ訪問中だったアン王妃！　そんなこととは知らずにジョーは王妃を自宅の汚いソファで寝かせてしまい、さらにはケンカをして追い出してしまいます。自由に憧れる王妃は、ここから数時間の冒険へと旅立ちます。

王妃を演じたのはオードリー・ヘップバーン。好奇心旺盛な瞳と意志の強そうな口元が印象的なおてんば王妃を熱演し、美しい容姿とキュートな表情で世界中の人々を虜にしました。特ダネを狙うジョーに連れられてアン王妃の巡った真実の口やトレビの泉は、ローマの有名な観光地です。王妃とジャーナリストという身分の違う2人の恋の行方はどうなるのでしょうか。宮殿を抜け出る冒頭シーンから、ラストの記者会見まで、見どころたっぷり。ラブストーリーというカテゴリーに収まらないスケールの大きな作品です。

Success Ranking

サクセスランキング

塔の高さランキング

5月22日、ついに世界一高い塔、「東京スカイツリー」が開業される。高さは634mで、テレビ塔としても自立式鉄塔としても世界一。それまで日本一だった東京タワーの高さが333mで、スカイツリーの「展望回廊」は地上450m。東京タワーのてっぺんよりも高いところから景色が見られるなんて、すごいね。世界と日本にはほかにどんな高い塔があるのか見てみよう。

世界の塔

順位	名称	高さ	位置
1	**東京スカイツリー**	**634m**	**日本**
2	広州塔	600m	中国
3	CNタワー	553m	カナダ
4	オスタンキノ・タワー	540m	ロシア
5	東方明珠電視塔（上海タワー）	468m	中国
6	ボルジェ・ミーラード	435m	イラン
7	クアラ・ルンプール・タワー（KLタワー）	421m	マレーシア
8	天津テレビ塔	415m	中国
9	中央広播電視塔（北京テレビ塔）	405m	中国
10	キエフテレビタワー	385m	ウクライナ
11	タシケントタワー	375m	ウズベキスタン
12	解放タワー	372m	クウェート
13	アルマアタタワー	372m	カザフスタン
14	リガラジオ&テレビタワー	369m	ラトビア
15	ベルリンタワー	368m	ドイツ
16	ヘルブランディータワー	367m	オランダ
17	ストラトスフィア	350m	アメリカ
18	西部明珠テレビ塔	339m	中国
19	マカオタワー	338m	中国
20	Europaturm（フランクフルトテレビタワー）	338m	ドイツ

※2012年4月現在（支線式鉄塔を除く）

日本の塔

順位	名称	高さ	位置
1	**東京スカイツリー**	**634m**	**東京都**
2	東京タワー	333m	東京都
3	明石海峡大橋主塔	299m	兵庫県
4	NHK菖蒲久喜ラジオ放送所ラジオ第1送信塔	245m	埼玉県
4	瀬戸デジタルタワー	245m	愛知県
6	福岡タワー	234m	福岡県
7	防衛省舎B棟（通信塔）	220m	東京都
8	佐原テレビ中継局	218m	千葉県
9	G1TOWER（日立製作所エレベーター研究塔）	214m	茨城県
10	東京電力横浜火力発電所排気塔	200m	神奈川県
11	スカイタワー西東京	195m	東京都
11	名港中央大橋主塔	195m	愛知県
13	南備讃瀬戸大橋主塔	194m	香川県
14	北備讃瀬戸大橋主塔	184m	香川県
15	来島海峡第二大橋主塔	183.9m	愛媛県
15	来島海峡第三大橋主塔	183.9m	愛媛県
17	名古屋テレビ塔	180m	愛知県
17	大平和祈念塔	180m	大阪府
17	船橋三山送信所	180m	千葉県
20	三菱電機稲沢製作所エレベーター試験塔	173m	愛知県
20	平野原送信所	173m	埼玉県

※2012年4月現在

受験情報

monthly topics 1

東京都立

都立高校生の留学制度始まる

東京都教育庁は、都立高校生を対象とした留学制度「次世代リーダー育成道場」での研修生（第１期生）の募集を開始した。募集は５月末までで、募集対象は150人の都立高校生、もしくは都内の中学３年生。以下のように各50人募集の３コースがある。（　）内の金額は自己負担額。

「冬出発のAコース」（60万円）は７月からの約６カ月の事前研修のあと、冬に１年間の留学に出発、12月まで。「夏出発のBコース」（85万円）は７月から約８カ月の事前研修ののち、３月に短期海外研修（１カ月）、帰国して４月から留学準備のあと、夏に１年間の留学に出発、６月まで。「短期派遣のCコース」（25万円）は７月から約８カ月の事前研修のあと、３月に短期海外研修（１カ月）となる。留学はいずれも高校在学中に開始される。

問い合わせは、電話03（3824）7232へ（５月21日まで）。

monthly topics 2

埼玉公私立

埼玉では留学希望者に奨学金

埼玉県では、「埼玉発世界行き」奨学生を募集している。将来の志を高くもち、海外留学を考えている若者が対象。

このうち、「高校生留学コース」の募集は６月15日まで。書類選考は７月中旬（面接なし）、選考結果の通知は７月中旬に行われる。このため、中学３年生時から準備を進めることが肝要。県内の公私立高校生が対象で、３カ月の留学に上限60万円が給付される。

問い合わせは電話048（830）2711まで。

Column 68

15歳の考現学

県立東葛飾に医歯薬コースの衝撃
千葉の進学地図が変わる可能性大

森上《もりがみ》 展安《のぶやす》

森上教育研究所所長。1953年、岡山県生まれ。
早稲田大学卒業。進学塾経営などを経て、1987年に「森上教育研究所」を設立。「受験」をキーワードに幅広く教育問題をあつかう。近著に『教育時論』（英潮社）や『入りやすくてお得な学校』『中学受験図鑑』（ともにダイヤモンド社）などがある。

平成26年の春から 東葛に医歯薬コース設置

千葉県の高校入試に動きがありました。もっとも、平成26年度といいますから、新中1生にとっての変化です。いまの中2、中3に直接関係するほどではありません。それはしかし、千葉県の入試地図を大きく塗りかえかねないインパクトです。

県下トップ3のうちの3番手である県立東葛飾高校（以下、東葛）に平成26年度から医歯薬コースが設置されることが公表されたのです。

大学進学実績を連載する週刊誌（たまたま手もとにある『週刊朝日』4月20日号）によれば、東葛はやはり難関大実績で県立高としてトップ3に入り、最難関の東大こそ1人ですが、東大と京大を合わせると5人で県下ナンバー2の県立船橋の7人に迫っています。もっとも、次に控える千葉東も同じく同実績では5人ですから、安閑とはしていられません。一方で、前（？「上」というべきか）を行く県立船橋には東工大、一橋大、千葉大などの首都圏屈指の難関国立大に合計で東葛69人に対し、94人と水をあけられています。

そういうこともあったからでしょうか、医歯薬コース新設の東葛も、その暁には、県立船橋あるいは、まさかの県立千葉に大学実績で迫る可能性がないとは言えません。

医歯薬コースというのは、文字通り医歯薬の資格取得ができるように大学の医学部進学を前提にしたコースです。したがって、例えば医学部実績が出るようになるかもしれないとしても、さらに難関大の工学部などの実績も向上するかと言えば、もちろん未知数です。

ですが、やはり同じ週刊誌でその医学部実績を一覧表にした便利な特集号が、やはり手もとにありましたので（『週刊朝日』4月27日号）、実状を見ておきましょう。

いわゆる旧帝大の医学部、次いでその他の国公立大医学部そして私立トップの慶應大医学部、自治医大、防衛医大などの大枠でくくられた実績表がそこに一覧できます。

それによれば、千葉県下の実績校はダントツでいわゆる渋幕（渋谷教育学園幕張）で、国公立大医学部合計は31人で全国でも上位30校のちょうど30校目に入ります。

ちなみに医学部実績は圧倒的に西日本の高校が強く、関東以北では12位の新潟（45人）、16位の桜蔭（43人）、

18位の仙台第二（42人）、25位の札幌南（34人）、29位の松本深志（32人）の5校にすぎません。渋幕、桜蔭以外の関東の学校は30位以下から顔を出しますが、千葉県の学校で次に出てくるのはご承知の通り県立千葉で、その人数はグンと下がって17人、順位をつければなんと77位になってしまいます。ちなみに、系列に東邦大学医学部を持つ東邦大東邦でも国公立大医学部実績となると10人で、これも順位をつければ132位と大幅に下位になります。

この表には10人の実績校まで出ているのですが、千葉県立勢は前記の県立千葉をのぞいて出てきません。

そのことは、ごく簡単に言えば、私立大学の系列校である東邦大東邦をのぞいて考えると進学校では、公私のトップ校しか難関大学医学部には進学していないことになります。

したがって、それだけの難関に、高校で医学部コースを設置したからといっても実績もない学校が果たして、看板通りの成果が出せるものなのでしょうか。

成功への前例に旭川東高 医師定員増員も後押し

じつはこれには前例があるのです。みなさまは医師不足という事情のために医学部定員が増員される方針になったことはご存じでしょう。旺文社教育情報センターの資料によれば平成20年度から昨年度までに1298人国公私立で定員増が行われているのですね。

じつはこれを受けて北海道の公立高で医学部コースを設けて大きく実績を伸ばしている学校があります。

旭川市に公立大学医学部である旭川医科大学がありますが、おひざ元の旭川東は、その名もメディカル講座などを開校し、北海道一の進学校・札幌北の医学部実績と比較しても例えば旭川医大でみると札幌北10人に対して、旭川東30人と大きな成果をあげています。もっとも、ホームページで見る限りメディカル講座であって、メディカルコースではないので、正課プラスアルファの講座を設けて、おそらくモチベーションの面で大きな影響が出たのではないかと推察します。

いずれにしても公立高校の取り組みとして今回の東葛の医進コース設置の先例となる動きではないかと思います。

つまり、医学部増員枠と、医学部進学の動機づけ（旭川の場合は地元に医大があるということが大きい）がマッチすれば医進コースは成功する可能性が十分あるわけです。

実は、中学受験や小学校受験の場合、親の職業が医師である、というケースが多く、いわゆる難関校の受験生に医師が多いのは常態化しています。

東葛の中高一貫化も含め 千葉の受験状況大きく変化へ

千葉県では高校受験が本流で、中高一貫の中学受験を考えるのは一部の保護者という状況がこの不況でますます強まっています。

その意味で、医師の子女であっても高校から受験されるかたも多くなるでしょう。そしてまた、医師の子は医師というケースが大半ですので、この高校からの医進コースはその意味で魅力的です。

加えて、東葛は平成28年度から公立中高一貫校の中学部を併設する、とも公表している点が強力なパンチを感じさせます。

先にも書いたように医師の子女は中学進学が主流だからです。高校に明確な医進コースがあれば中学で東葛に進む大変な誘因となります。

つまりそれは、現在、医学部実績を高く出している学校にとって強力なライバル登場ということになるだろうと思われます。

ただ、いまの中1と次の中1は中学からの流入がないので、高入生にとって大変ラッキーな学年になるでしょう。公立も私立も最初の立ち上げは成功するようにひときわ努力します。公立はとくに組織的な取り組みをしますので成功の確率は高いでしょう。恐らく旭川の例にあるように、この東葛の試みにも地元の病院などのなんらかの協力があるはずで、現にそうした準備ができているのだろうと思います（すでに公表されているのかもしれませんが）。

このように今回の東葛の計画は、千葉の進学地図を塗り替える可能性を持ったものです。まして中学開校ということですから県立ナンバー1とナンバー3が中高一貫校をつくり、両方で医学部実績を出すようになれば、渋幕が簡単には屈しないにせよ、公立エリートコースの2本立ての可能性が高くなりました。

千葉はもともと私立志向が弱い土地柄であり、いまでもそうですから、これでますます公立一色の進学模様になるのではないか、というのが率直な印象です。

私立★INSIDE

2012年度東京私立高校入試結果概略

　今回は東京都の私立高校の今春入試について、各校が発表した受験生の数からその人気ぶりを、前年と比較しながら探ってみます。全体的には女子の強気志向がよみがえってきたことと、高校単独校の応募者増がめだちます。（協力：新教育研究会）

応募増えた東京私立校

　東京の私立高校入試の応募者は、ここ2年続けて減少していましたが、2012年度は一転、約1300名増加したとみられます。この数値は、応募者数等を公表しない学校もありますので推定値ですが、都内全体の私立高校志願者数は約10万2100人で、前年の約10万800人を差し引いた数字です。

　その内訳をみると、景気低迷の影響からか、私立第1志望と言える推薦入試への応募者数は約200名減少しましたが、都立との併願となる一般入試の応募者が約1500増えています。

　公立中学の卒業生は、前年より1200名増えていますので、その自然増よりは多く私立高校を受験しました。ちなみに来年度の中学卒業生は、この春より100名多くなる見通しです。

　私立第1志望である推薦入試受験が減っているのは、不景気のなかで授業料の公私差の影響が現れたほかに、高まる防災、減災思考から近場の公立高校を受験させる保護者が増えたともみられます。

　一般入試は約1500名増えていますが、では、どんな学校の受験者が増えたのかを見てみますと、入学手続きが定員を上回った学校として、**岩倉**、**桜美林**、**錦城**、**京華商業**、**國學院**、**駒場学園**、**実践学園**、**修徳**、**淑徳巣鴨**、**順天**、**昭和鉄道**、**昭和第一**、**専修大附**、**大成**、**大東学園**、**多摩大目黒**、**中央学院大中央**、**中大杉並**、**帝京**、**東海大菅生**、**東京成徳大**、**豊島学院**、**日大三**、**日大鶴ヶ丘**、**日体荏原**、**法政大学**、**宝仙学園理数インター**、**朋優学院**、**堀越**などがあげられます。

慶應女子ら難関校で応募者増

　いまあげたなかでも、**國學院**、**中大杉並**、**法政大学**など上位校の応募者が増えています。ここ数年、安全志向が高まり難関上位校の応募者数は減る傾向にありましたが、今年はその下げ止まりが見られました。

　女子校では**慶應女子**が応募者が前年の434名から492名となり、合格者も12名増やしていますが、実倍率で2・79倍（前年）から2・94倍と上昇しました。

大学合格実績を伸ばし続けている**豊島岡女子学園**も513名から562名に応募者を増やしています。

女子では、共学校の**青山学院**で男子は減らしていますが、女子の応募者は489名からから509名に増えています。実倍率も4・26倍から4・50倍となり、女子の人気は高くなりました。

共学校でもう1校、**早稲田実業**も男子は減っていますが、女子は316名から381名へと応募者が増え、実倍率も3・28倍から4・81倍に上昇しています。

女子については、安全志向から強気志向への変換点となりそうな入試でした。

明大中野が大きく伸長

男子校でめだった増加を示したのが**明大中野**。募集定員も増やしたのですが、そのぶんを上回る応募者増で、前年の857名から1072名と増え、実倍率も2・75倍から3・13倍と大きくあがりました。

城北が昨年、入試機会を2回に増やして応募者を増やしましたが、今春も630名から772名に増えています（2回合計）。前年に**海城**が高校募集を停止、その影響が続いている形です。

桐朋も前年に増えた応募者数299名からさらに339名に増加、実売率はほぼ変わりませんでしたが、これは合格者数を20人ほど多くしたからです。

全体的には共学校人気の高さがめだつ私立高校入試ですが、男子校や女子校の不人気傾向にもストップがかかったように見えます。

共学化が相次いでいて学校数が限られる上、**麴町学園女子**・**東京女学館**や**攻玉社**のように募集を取りやめたところもあるため、下げ止まった印象です。

目立つ 高校単独校の人気

共学校の上位校では**国際基督教大学**が、319名から343名と2年連続で応募者が増えています。合格者も増やしていますが、実倍率は1・97倍から2・13倍へと伸び、とくに男子で増えています。

前述の**中大杉並**も男女合計で736名から909名と応募者が大きく増加し、実倍率も伸ばしています。推薦でも応募者が増加している**中大杉並**は、来春も近隣の都立・私立の中高一貫校が募集減となることもあって、応募者を増やす可能性があります。

併設中学を持たない私立高校で、大学進学実績も好調の**錦城**も、今春は特進コースで575名から651名、普通コースで603名から697名と、前年から一転、増加に転じ、倍率も上昇しました。

このところ受験生が集まる**朋優学院**は、上位生向けの国公立コースと特進コースで応募者を増やしています。**錦城**と同様に高校単独校の人気もありますが、大学合格実績の伸長が後押ししています。

これらの学校は中学校を併設していないことも人気の一因となっています。「高入生、中入生は別クラス」とか、「中入生に追いつくための補習授業がある」ことなどへの抵抗感がその背景となっているようです。

入試機会を2回にして、選抜クラスを新設、さらに神奈川からの受験生向け併願推薦を取り入れた**桜美林**や、他大学合格実績が好調な**工学院大学附属**もともに大学附属校ですが応募者を増やしています。同じく大学附属の**多摩大学目黒**は、入試機会を2回から3回に増やしたこともあって応募者を403名から815名に倍増させています。

公立★CLOSE UP

2012年度千葉・埼玉 公立高校入試結果

安田教育研究所　代表　安田理

2012年度から改訂された学習指導要領に先駆け、昨年、一昨年と入試制度が相次いで変更され、受検生全員が共通の学力検査を受けることになった千葉・埼玉。今月はこの２県の2012年度入試を振り返ってみよう。

千葉県公立高校　前期
平均実倍率1・84倍　0・02ポイント増
実倍率トップは県立船橋（理数科）4・08倍

制度が変わった初年度にあたる2011年度の平均実倍率は、前年の「特色化選抜」の2・21倍から1・82倍に大きくダウンしていた。

昨年、倍率が下がったおもな理由は4つあげられる。

①前期の定員が増加
②新制度への不安感から公立を敬遠
③県内私立と公立との学費格差緩和
④都内私立合格後の欠席が可能に

まず、定員が増えれば合格数も増えるので、同じくらいの受験生数ならば倍率が緩和するのは当然のことだ。

また、制度が変更されると安全志向が強まるものだが、公立の受験自体を避けて私立を志望する受験生が増えた。国からの就学支援金と県内私立進学者への授業料減免制度が後押しした部分も大きい。

さらに、都内私立入試の合格発表後に公立前期入試が実施される日程になったため、都内私立が第1志望の場合、合格すれば併願の公立を受験する必要がなくなった。そのため、公立前期の欠席者が増えた。

新制度2年目の2012年度は1年目の入試結果がわかっているので、受験生の不安感が薄れ、そのぶん、受験生が公立に戻ってくることが予想された。しかし、結果はわずか0・02ポイント増の1・84倍だった。

県の授業料減免制度や日程変更により都内私立と併願しやすくなったことによって私立人気は落ちていないようだ。同じくらいの難易度なら私立の方が大学合格実績が期待できそうだ、と判断する受験生が昨年に続き増えているのだろう。

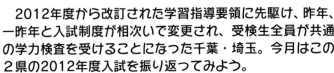

2012年度は公立中学校の卒業生が約2200人増えていたので、公立私立とも一部の高校で募集数を増やしている。2年前の人口増加時には公立の募集増の割合が高かったため、平均倍率は上昇しなかった。だが、今年度は人口の増加率ほど公立は募集数を増やしていない。

一方、私立では**渋谷教育学園幕張**や**昭和学院秀英**など上位校をはじめ多くの私立が募集数を増やしたうえ、前期を中心に合格者数も増やしたところが多かった。上位校を含めた一部県内私立の緩和が公立の受検生数の大幅増加を抑えたことも前期の倍率に影響したのだろう。

全日制高校全体の平均実倍率はあまり変わっていないが、人気校に人気が集中する傾向は一段と強まった。

今年も最も倍率が高かったのは**県立船橋（理数）**。定員40人のうち24人と募集数が限られているので人数の増減によって倍率が上下しやすい。だが、4倍を超える高倍率は新制度スタート以来、初めてのことだ。

昨年から附属中学からの内進生80人を迎えたため320人から260人に募集を減らした**県立千葉**も相変わらず人気が高い。人口増加の影響もあって受検生数を483人から570人に増やし3・35倍から3・96倍に、4倍近くまではねあがった。募集数が減ると敬遠されるものだが、説明会でのアピールなどによる進学指導への期待感から受検生を増やしたようだ。今春も東大合格者数を増やしているため、次年度も人気は続きそうだ。

一方、前年の高人気への反動と募集数の増加で**東葛飾**が3・32倍から2・53倍にダウンしランク外の11位になった。**県立船橋（普通）**はその**東葛飾**から受検生が流入したこともあって、3・00倍から3・27倍に伸ばしている。

千葉東は新制度になってから、唯一、応用レベルの独自問題を実施している。そのため、初年度は敬遠傾向が見られたものの人気は高かった。

今春は前年の倍率緩和と増員への期待感から80人増やし593人が受検。1クラス定員増にもかかわらず、2・67倍から2・75倍に倍率も上昇している。

順位に変動があっても、**県立千葉**、**船橋**、**東葛飾**、**千葉東**、**八千代**、**市立千葉**、**小金**、**薬園台**など上位校を中心に高倍率校の顔ぶれはあまり変わっていない。今後もこの傾向は続くだろう。

また、上位10校のうち、**柏の葉**だけが3学区で、他はすべて1学区と2学区が占めている。人口の多い学区に高倍率校が集中しているのも例年と同じ傾向だ。

受検生数上位10校を比較してみると、前年の10校のうち8校が同じだ。**検見川**と**船橋東**が抜け、**八千代**と**鎌ヶ谷**が入れ替わっているだけだ。**幕張総合**、**小金**、**県立船橋（普通）**、**津田沼**の4校は順位も変わっていない。

募集数が多く、すべての学区から受検が可能な幕張総合がトップを維持した。

また、昨年は応募者数では4位だった**県立千葉**が30人の欠席によって受検者数で7位に順位を落としたが、今年度は24人欠席で3位。**県立千葉**の欠席の多さは都内難関国私立高校との併願者の多さによるもの。今年度は応募者を大幅に増やしているのに欠席者を減らしている。それだけ成績上位生の第1志望者が増えたのだろう。

■2012年度　前期実倍率上位10校（千葉）

順位	学校	倍率
1位	県立船橋（理数）	4.08倍
2位	県立千葉	3.96倍
3位	八千代	3.32倍
4位	県立船橋	3.27倍
5位	市立千葉（理数）	3.08倍
6位	小金	2.96倍
7位	千葉東	2.75倍
8位	薬園台	2.72倍
9位	市立千葉	2.61倍
10位	柏の葉	2.59倍

■2011年度　前期実倍率上位10校（千葉）

順位	学校	倍率
1位	県立船橋（理数）	3.50倍
2位	県立千葉	3.35倍
3位	東葛飾	3.32倍
4位	市立千葉（理数）	3.21倍
5位	県立船橋	3.00倍
6位	薬園台	2.71倍
7位	千葉東	2.67倍
7位	松戸南	2.67倍
9位	小金	2.64倍
10位	市立稲毛	2.61倍

■2012年度　前期受検生数最多10校（千葉）

順位	学校	倍率
1位	幕張総合	1071人
2位	千葉東	593人
3位	県立千葉	570人
4位	小金	568人
5位	県立船橋	549人
6位	東葛飾	546人
7位	柏南	488人
8位	鎌ヶ谷	486人
9位	八千代	478人
10位	津田沼	466人

■2011年度　前期受検生数最多10校（千葉）

順位	学校	倍率
1位	幕張総合	1032人
2位	東葛飾	637人
3位	千葉東	513人
4位	小金	506人
5位	県立船橋	495人
6位	検見川	486人
7位	県立千葉	483人
7位	船橋東	483人
9位	柏南	465人
10位	津田沼	462人

千葉県公立高校　後期
平均実倍率1・35倍　0・04ポイント上昇
前期に続き高倍率の県立船橋（理数）、県立千葉

2011年度の後期は0・01ポイント緩和し、平均実倍率1・31倍だった。新制度導入によって前年より募集数を大きく減らしたにもかかわらず、倍率は上昇しなかった。高倍率を予想した受検生の一部が私立や定時制に方向転換した結果と思われるが、最後まであきらめずにチャレンジし、第1志望に合格できた受検生も少なくなかったはずだ。

2年目の2012年度は、このような前年の反動から応募者が増加、受検生数も増えたので平均実倍率は1・35倍に上昇した。

後期の全日制総募集数は1万2598人。1万7483人が志願し、1万7452人が受検、1万2881人の合格を出した。

前年は募集数が限られる専門学科の高倍率が目立っていたが、今年度はさらに拍車がかかっている。

後期の募集数がごくわずかであることも少なくないので専門学科の方が受検生数人の増減によって倍率が激しく上下しやすい。そのため前年の高倍率校が緩和し、前年緩和した高校の倍率が上昇する、といった隔年現象が顕著に見られた。

専門学科を志望校の候補として考えるのなら、今年高倍率だった高校の方が狙い目になるだろう。隔年現象で緩和する可能性が高いからだ。

前年の1・63倍から2・81倍に急上昇したのが**県立船橋（理数）**。前年の敬遠傾向による緩和の反動だろう。**柏（理数）**も1・31倍から2・38倍に急上昇していて、県内の理数科人気を反映している。

■2012年度　後期実倍率上位10校（千葉）

順位	学校	倍率
1位	八千代（体育）	2.89倍
2位	船橋（理数）	2.81倍
3位	千葉	2.64倍
4位	市立稲毛（国際教養）	2.60倍
5位	佐倉東（調理国際）	2.50倍
6位	柏（理数）	2.38倍
7位	船橋（理数）	2.33倍
8位	成田国際（国際）	2.27倍
9位	幕張総合（看護）	2.13倍
9位	大網（農業経済）	2.13倍

■2011年度　後期実倍率上位10校（千葉）

順位	学校	倍率
1位	幕張総合（看護）	2.75倍
2位	東葛飾	2.64倍
3位	鶴舞桜が丘（食とみどり）	2.40倍
4位	千葉	2.34倍
5位	八千代（体育）	2.22倍
6位	市立千葉（理数）	2.19倍
7位	京葉工業（設備システム）	2.00倍
7位	八千代（家政）	2.00倍
9位	船橋	1.96倍
10位	薬園台	1.90倍

■2012年度　後期受検生数上位10校（千葉）

順位	学校	倍率
1位	幕張総合	543人
2位	千葉	298人
3位	東葛飾	289人
4位	千葉東	280人
5位	船橋	266人
6位	小金	263人
7位	津田沼	257人
8位	柏南	252人
9位	国府台	238人
9位	鎌ヶ谷	238人

■2011年度　後期受検生数上位10校（千葉）

順位	学校	倍率
1位	幕張総合	469人
2位	東葛飾	356人
3位	千葉	260人
4位	佐倉	246人
5位	船橋東	242人
6位	津田沼	239人
7位	小金	238人
8位	船橋	237人
9位	木更津	232人
9位	薬園台	224人

埼玉県公立高校
入試一本化で平均実倍率は1・15倍
実倍率トップは大宮（理数）の2・64倍

埼玉では2年前に入試日程を遅くし、前期の定員を増やし、全員が共通問題による学力検査を受けるなどの入試制度変更を実施した。

2012年度入試では、前期と後期の2回に分けて行われていた選抜機会を一本化。3月2日に学力検査、5日に実技検査と面接を実施した。

全日制高校4万321人の募集に対し、4万6230人が応募、4万6057人が受検。

定員割れをした高校もあったため、3月9日に4万156人の合格が発表された。実倍率は1・15倍で、前年前期の1・44倍、後期の1・57倍を下回った。選抜機会が2回から1回に減ったぶん、分散して

公立★CLOSE UP

■2012年度　実倍率上位10校（埼玉）

順位	学校	倍率
1位	大宮（理数）	2.64倍
2位	松山（理数）	2.15倍
3位	市立浦和	1.72倍
4位	蕨（外国語）	1.60倍
5位	越谷北（理数）	1.51倍
5位	常磐（看護）	1.51倍
7位	越ヶ谷	1.48倍
8位	市立浦和南	1.44倍
8位	川越工業（デザイン）	1.44倍
8位	浦和商業（情報処理）	1.44倍

■2011年度　前期実倍率上位10校（埼玉）

順位	学校	倍率
1位	大宮（理数）	3.68倍
2位	越谷北（理数）	2.37倍
3位	市立浦和	2.35倍
4位	蕨	2.28倍
5位	熊谷西（理数）	2.20倍
6位	川口北	2.18倍
7位	所沢北	2.15倍
8位	大宮	2.13倍
9位	所沢	2.10倍
9位	新座総合（情報技術）	2.10倍

■2012年度　受検生数上位10校（埼玉）

順位	学校	倍率
1位	伊奈学園総合	903人
2位	川越女子	571人
3位	県立川越	562人
4位	大宮	525人
5位	浦和西	513人
6位	浦和第一女子	506人
7位	蕨	499人
8位	与野	488人
9位	越ヶ谷	484人
10位	所沢	479人

■2011年度　前期受検生数上位10校（埼玉）

順位	学校	倍率
1位	伊奈学園総合	1049人
2位	所沢北	584人
3位	浦和第一女子	569人
4位	蕨	553人
5位	浦和	548人
6位	川口北	527人
7位	大宮	523人
8位	県立川越	522人
9位	川越女子	520人
10位	浦和西	515人

いた募集定員も一本化され、合格数は増えるので倍率が下がるのは当然のことだ。

ただ、入試日程が遅くなることで、県内私立の前期試験実施から5週間も空いてしまった。緊張感を維持するのに苦労した受検生も少なくなかったことだろう。

県内私立で合格を確保していながら2月中旬に実施される都内私立を受験して緊張感の維持に努めた上位生も少なくなかったようだ。

また、千葉と同様に埼玉でも県内私立に進学した場合、世帯の所得に応じた授業料減免制度が充実している。この制度を利用して私立を第1志望にする動きが今年も見られた。

過去2年ぶんの前期募集の倍率上位10校と受検生数上位10校を見比べると、毎年上位にランクされている高校が少なくない。2012年度は入試機会が一本化され倍率が緩和しているので前年と単純に比較できないが、募集数の占める割合が多かった前期の方が今春結果に近いと思われる。

全体の実倍率トップは、**大宮（理数）**の2・64倍。前年前期の3・68倍からは大きく下がっているものの、圧倒的な人気の高さを維持している。2倍以上の倍率だったのは**松山（理数）**の2・15倍とわずか2校のみだった。

新制度では入試機会が2回から1回に減らされる代わりに、願書提出後に出願変更機会を2回設けていた。出願状況を見ながら、高倍率校を避けたり、定員割れをしている高校に方向転換したりする動きが見られた。そのため、出願後に受検生が分散することになったことも高倍率校の少なさにつながったのだろう。

普通科トップは前年と同じ**市立浦和**の1・72倍。こちらも前年前期の2・35倍から大きく緩和しているものの相変わらず安定した人気だ。

倍率が上昇した翌年には受検生から敬遠されて倍率が下がり、その翌年には再び倍率があがる現象は多くの高校で見られる現象だ。そのような隔年現象とは無縁であるかのように、トップを維持している**大宮（理数）**、**市立浦和**は別格の人気だ。

中学卒業予定者は約2000人増えているのに対し、受検者数は前年前期の4万5411人から4万6062人に増加したものの651人しか増えていない。

受検生数上位10校を比べてみると、前年より人数を減らしたところが半数を占める。入試機会が1回になり、受検生が分散した結果だ。**伊奈学園総合**がトップを維持。総合選択制高校で募集規模も720人と大きく、前年までは唯一4ケタの受検生数を集めていたが、今年は146人減らしている。

上位10校のうち、前年より受検者数を増やしているのは**川越女子**、**県立川越**、**大宮**、**与野**、**越ヶ谷**の5校。このうち**越ヶ谷**をのぞく4校は1クラス募集増が人気を呼んだ。なかでも**与野**が前年前期より最も多く、105人も増やした。

高校入試の基礎知識

学校説明会に行く前に
高校入試用語辞典［上］

みなさんは、これから志望校選びのための「高校入試情報集め」を始めるところでしょう。じつは、そんな情報のなかには、これまで耳にしたことがないような「用語」が出てきて面食らうことがあります。そこで、今号から「高校入試用語辞典」を掲載します。

ＳＳＨ・ＳＥＬＨｉ

文部科学省が特定分野の先進研究事例として指定する高校。学習指導要領を越えた教育課程を編成できる。ＳＳＨ（スーパーサイエンスハイスクール）は科学技術・理科、数学教育が重点（指定期間５年）、ＳＥＬＨｉ（スーパーイングリッシュランゲージハイスクール）は英語教育重視（指定期間3年）。

オープンスクール

学校を見学できる機会。施設の見学だけでなく、クラブ活動や授業の実際を体験できるのでこう呼ぶ。学校の雰囲気を自分の目で確かめることができる。学校説明会と同時に開催するケースも多い。

延納・延納手続き金

私立高校では公立高校第1志望の受験生のために、公立高校の合格発表日まで入学手続きを延期できる制度を持つ学校がある。この制度を「延納」という。このとき、入学金の一部を延納手続き時に納める制度を持つ高校があり、これを「延納手続き金」と呼ぶ。入学すれば、入学金に充当されるが、入学辞退の際には返金されない。

学校説明会

その学校の教育理念や教育方針、授業の実際やカリキュラム、系列大学への進学、大学入試に関する取り組み、大学進学実績、入試日や入試方式などについて、各高校が受験生とその保護者を対象に行う説明会のこと。施設や校内の見学もできる。学校へのアクセス方法なども含めて入試に関する下見をすることができる。

過去問題（過去入試問題）

その学校が過去に実施した入試問題。各校それぞれに出題傾向や配点傾向があるので研究は欠かせない。第1志望校については5年はさかのぼって解いてみたい。学校で頒布・配付している場合もあるし、書店でも手に入る。解いたあと、その年度の合格最低点や設問ごとの得点分布などを参考にする。時間配分も身につけられる。

キャリアガイダンス

社会的に自立するための進路指導のこと。最近の高等学校教育での進路指導では、たんなる進学指導にとどまらず、生徒1人ひとりが自己を深く知り、未来像を描き、自己実現をめざすという、広い意味での進路学習となっている。

このため、卒業生による講演や職場体験など幅広く企画が組まれる。進路への強い関心が進学へのモチベーションとなることが狙い。

競争率（倍率）

入試でいう競争率には、志願倍率（応募倍率）と実質倍率の2種がある。志願倍率とは、志願者数を募集人員（定員）で割ったもの。入試前に競争率の参考にできるのが、この志願倍率。しかし、志願しても実際は受験しなかったり、募集人員より多くの合格者を発表したりする学校があるので、実際の競争率（＝実質倍率）と志願倍率は数値が異なってくる。実質倍率は、実質競争率といえ、受験者数を合格者数で割ったものとなる。入試が行われ、合格者数も確定した結果から算出される。受験の際には、前年度の実質倍率も参考にする。

合格最低点

その学校の入試結果で、合格者のなかで最も低かった得点。各高校の過去の合格最低点を調べると、最低何点取れば合格できるかの参考となる。

ただし、問題の難易度や競争率など、さまざまな要素により毎年変動するので、過去問を演習するときには、過去問に該当する、その年度の合格最低点を参考にすること。

国立高校

国立高校は教員養成系の学部を持つ国立大学に附属する場合がほとんど。国立高校の生徒はその系列の大学へ進学する際に有利な要素は与えられず、外部からの受験生と同じ条件で受験する。

先取り学習

学習指導要領で決まっている学年の単元よりも先に進んで学習すること。中高一貫教育校に高校から入った場合、このために授業進度が合わず、内進生と高入生が別クラスで学習するケースが多くなっている。

サンデーショック

日曜礼拝を奨励するプロテスタント校が、例年決まっている入試日が日曜日にあたった年には、入試日を前後の日にずらす。

そのことによって、併願校の選び方などに例年とは違う動きが生じること。

自己推薦

推薦を中学校長の推薦に限定せず、受験生本人、もしくは保護者に推薦権を与える方式。高校の推薦基準に足りない生徒に受験機会を与える主旨から実施する私立高校が多い。

前期・後期方式に移行した千葉、埼玉でも自己推薦を継続する私立高校があり、東京や神奈川でも自己推薦を認める私立高校は多い。

受験料

入学検定料（入学考査料）のこと。国立高校1万円弱、公立高校2000円強。

私立高校は各学校によって異なるが、1回、2万円～2万5000円。複数回受験で減額や免除の学校も見られる。

ご提案型の教育旅行会社って？

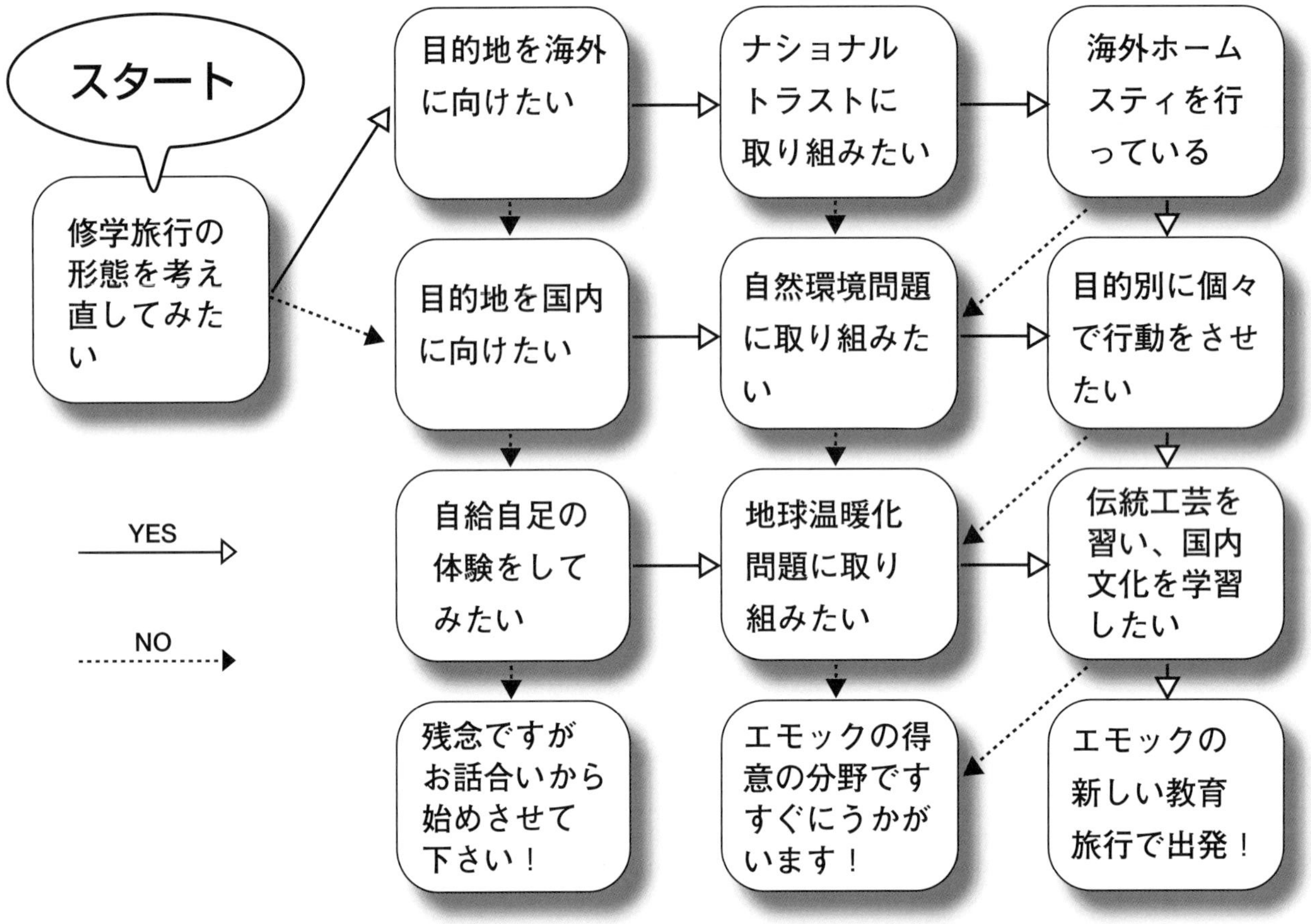
スタート
修学旅行の形態を考え直してみたい
目的地を海外に向けたい
ナショナルトラストに取り組みたい
海外ホームスティを行っている
目的地を国内に向けたい
自然環境問題に取り組みたい
目的別に個々で行動をさせたい
自給自足の体験をしてみたい
地球温暖化問題に取り組みたい
伝統工芸を習い、国内文化を学習したい
YES
NO
残念ですがお話合いから始めさせて下さい！
エモックの得意の分野ですすぐにうかがいます！
エモックの新しい教育旅行で出発！

従来の名所旧跡を訪ねる修学旅行から、最近ではさまざまなテーマを生徒個々または小グループごとにコンセプトメークしひとつの社会貢献の一環として、位置づける学習旅行へと形態移行しつつあります。

小社では国内及び海外の各種特殊業界視察旅行を長年の経験と実績で培い、これらのノウハウを学校教育の現場で取り入れていただき、保護者、先生、生徒と一体化した旅行づくりを行っております。

一例

- ●海、山、川の動物、小動物の生態系研究
- ●春の田植えと秋の収穫体験、自給自足のキャンプ
- ●生ごみ処理、生活廃水、産業廃棄物、地球温暖化などの環境問題研究
- ●ナショナルトラスト（環境保全施設、自然環境、道の駅、ウォーキング）
- ●語学研修（ホームスティ、ドミトリー、チューター付研修）など

[取扱旅行代理店]　**（株）エモック・エンタープライズ**

担当：山本／半田

国土交通大臣登録旅行業第1144号　日本旅行業協会正会員（JATA）

東京都港区西新橋1-19-3　第２双葉ビル２階　☎ 03-3507-9777（代）

E-mail:amok-enterprise@amok.co.jp　URL:http://www.amok.co.jp/

お便りコーナー サクセス広場

新学期への抱負!!

告白します!
（中２・AIさん）

大好きな**バスケットで県大会出場**をめざします。最終学年なので悔いの残らないように頑張ります。
（中３・バスケット大好きさん）

2年生からは、**早寝・早起き**を徹底したいと思います！　というか早起きは得意だけど、早寝が苦手なので…（笑）。夜遅くまでマンガを読まないようにします!
（中２・Y.Aさん）

バンジージャンプに挑戦。前に友だちと遊園地に行ったときにビビってできなくてバカにされたから。
（中２・B.Jさん）

夏までには**身長を160㎝**に乗せる!!クラスのなかで一番小さいので、今年こそは160㎝の大台に乗せて女の子にモテたい!!
（中３・なせばなるさん）

新学期からは、**1週間に1冊本を読みたい**です。読書が好きなんですが、部活や勉強で毎日忙しくてなかなか読めないので、目標を立ててみました！
（中２・図書委員さん）

もし宝くじで3億円当たったら

東日本大震災の復興のための義援金に使う!　人類みな兄弟！
（中２・ぱみゅこさん）

とりあえず**マンガ**を買い漁る。
（中２・夢は大きく！さん）

大きな水槽を買って、きれいな**アクアリウム**をつくる！　そして毎日眺めて、癒されたいです♪（＾＾）
（中３・金魚鉢さん）

学校休んで**世界一周!**
（中２・だってまだ中２だしさん）

まず、**両親に1億円あげて、あとは貯金**をします。とくに欲しいものがないので、大人になってから考えます。
（中３・Y.Yさん）

家族全員温泉が大好きなので、宝くじが当たったら、毎週末、みんなで**日本全国温泉めぐりの旅**をしたいです！いろんな温泉に入りたい！
（中２・長風呂さん）

無人島を買って、一生そこで自由気ままに暮らす。
（中３・無人島生活さん）

びっくりした話!?

ずっと消極的だった友だちがホワイトデーに好きな人に会って、**手作りチョコ**をあげていた！（まだ告白はしてないみたい…）
（中３・おどろきさん）

朝起きたら、床で寝てました。ベッドで寝てたはずなのに。しかも身体のどこも痛くないし。なにがあったの…？
（中３・自分が怖いさん）

去年家族と広島県の宮島に行ったとき、野菜スティックの束を不用意に身体の近くで持っていたら、**シカがめちゃくちゃ集まってきて**ビックリした。
（中３・シカさん）

友だちのお姉さんが**宝塚音楽学校に入学**したこと。必ず初舞台は見に行きます！
（中２・パリッとしたジェルさん）

朝食のときに玉子を割ったら、**2個連続で黄身が2つ**あった！
（中２・玉子かけごはんさん）

突然花粉症になったことです。ビックリしたより、「なんで私がっ！」って感じですけど…。これから毎年こんな症状は嫌だぁ。
（中３・韓流スター大好きさん）

募集中のテーマ

「お父さんお母さん、ありがとう」
「将来なりたい職業は?」
「雨の日の思い出」

応募〆切 2012年6月15日

必須記入事項

A／テーマ、その理由　B／住所　C／氏名
D／学年　E／ご意見、ご感想など

ハガキ、FAX、メールを下記までどしどしお寄せください!
住所・氏名は正しく書いてください!!
ペンネームは氏名のうしろに(　)で書いてネ!
【例】サク山太郎（サクちゃん）

あて先

〒101-0047　東京都千代田区内神田2-4-2
グローバル教育出版　サクセス編集室
FAX:03-5939-6014　e-mail:success15@g-ap.com

ここにメールしてね!!

success15

ケータイから上のQRコードを読み取り、メールすることもできます。

掲載されたかたには抽選で図書カードをお届けします!

掲載にあたり一部文章を整理することもございます。個人情報については、図書カードのお届けにのみ使用し、その他の目的では使用いたしませ

挑戦!!

二《に》松《しょう》學《がく》舍《しゃ》大学《だいがく》附属《ふぞく》高等学校

- 東京都千代田区九段南2-1-32
- 地下鉄東西線・半蔵門線、都営新宿線「九段下」徒歩6分、JR中央線・総武線「市ヶ谷」、「飯田橋」徒歩15分
- TEL：03-3261-9288
- http://www.nishogakusha-highschool.ac.jp/

入試説明会

第1回　10月 6 日（土）14:00〜15:30
第2回　10月20日（土）14:00〜15:30
第3回　10月27日（土）14:00〜15:30
第4回　11月 9 日（金）18:00〜19:30
第5回　12月 1 日（土）14:00〜15:30

二松學舍祭（文化祭）

9月29日（土）10:00〜15:00
9月30日（日）10:00〜15:00

公開授業

11月17日（土）8:40〜12:30

問題

三　次の空欄に適する漢字を補い、四字熟語を完成させなさい。

1、千載【　】遇
2、【　】律背反
3、【　】面楚歌
4、孟母【　】遷
5、【　】転八倒

四　次の語句の対義語を後の語群から選び、記号で答えなさい。

1、抽象　2、軽率　3、分析
4、厳格　5、受理

語群

ア高尚　イ巧妙　ウ具体　エ寛容
オ慎重　カ総合　キ却下　ク詳細

解答　三 1一 2二 3四 4三 5七　四 1ウ 2オ 3カ 4エ 5キ

正《せい》則《そく》学《がく》園《えん》高等学校

- 東京都千代田区神田錦町3-1
- JR中央線・総武線「御茶ノ水」徒歩10分、JR中央線・京浜東北線・地下鉄銀座線「神田」徒歩10分
- TEL：03-3295-3011
- http://www.seisokugakuen.ac.jp/

入試説明会

10月27日（土）14:00〜
11月 9 日（金）18:00〜
11月22日（木）18:00〜
12月 1 日（土）14:00〜
12月 8 日（土）14:00〜

問題

1　次の問いに答えなさい。

（問1）$-4^2+2\times\{(-3)^2-6\}$を計算しなさい。

（問2）$\frac{10}{\sqrt{5}}-(\sqrt{5}-2)^2$を計算しなさい。

（問3）$xy-xz-y^2+2yz-z^2$を因数分解しなさい。

（問4）$a=2$、$b=-3$のとき$2a^2b\div6ab\times(-3b)$の値を求めなさい。

（問5）あるケーキを10個買おうとしたが、持っているお金では200円足りなかった。そこで8個だけ買ったところ300円余った。このケーキ1個の値段を求めなさい。

（問6）1つの外角が45°である正多角形は正何角形であるか求めなさい。

2　次の問いに答えなさい。

70をある自然数nで割ると商と余りが等しくなった。このようなnのうち2番目に小さい自然数を求めなさい。

解答　1 問1 −10　問2 $6\sqrt{5}-9$　問3 $(y-z)(x-y+z)$　問4 6　問5 250円　問6 正八角形　2 13

中《ちゅう》央《おう》大《だい》学《がく》附《ふ》属《ぞく》高等学校

問題

△ABCの辺BC上に点D，辺AC上に点Eをとり，ADとBEの交点をFとする。BD：DC＝2：1，BF：FE＝6：1のとき，次の問いに答えなさい。

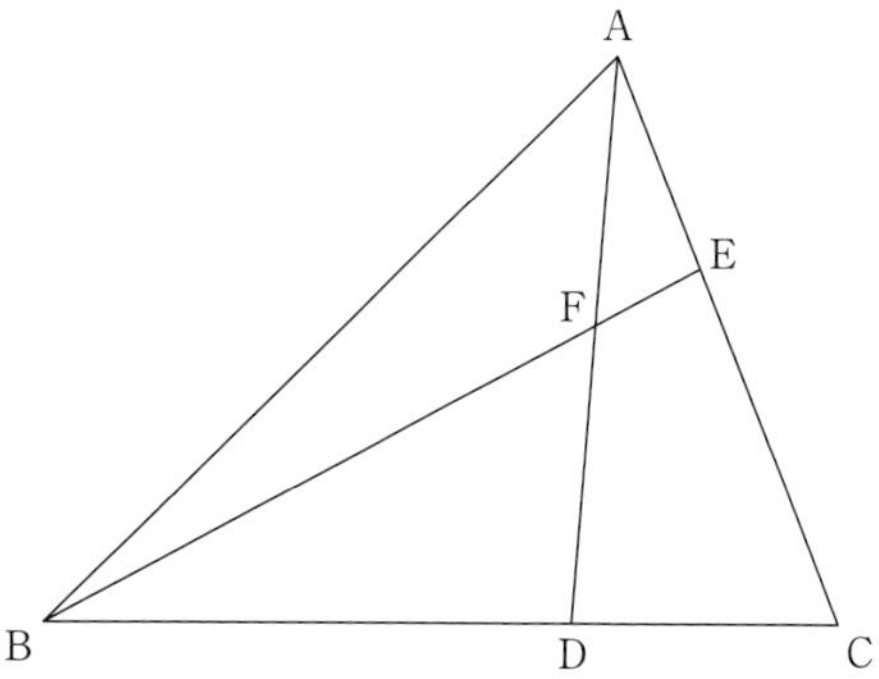

(1) AF：FDを最も簡単な整数の比で表しなさい。

(2) △ABCの面積と四角形CEFDの面積の比を最も簡単な整数の比で表しなさい。

東京都小金井市貫井北町3-22-1

JR中央線「武蔵小金井」徒歩18分

TEL：042-381-5413

http://www.hs.chuo-u.ac.jp/chuf/

解答 (1) 3：4　(2) 7：2

埼《さい》玉《たま》栄《さかえ》高等学校

問題

次の日本語と合う英文になるように（　）内の語を並べかえたとき、３番目と５番目に来る記号の組み合わせとして正しいものを選びなさい。ただし、文頭に来る語も小文字にしてある。

㊺　父が作ってくれたハンバーガーはとてもおいしかった。
（①was　②delicious　③my father　④made　⑤the hamburger　⑥very）.
ア②-③　イ②-⑤　ウ④-⑤　エ④-⑥　オ⑥-⑤

㊻　彼は非常に腹が立っていたので言葉が出なかった。
（①a word　②angry　③he　④speak　⑤to　⑥was　⑦too）.
ア②-①　イ②-④　ウ②-⑤　エ⑦-④　オ⑦-⑤

㊼　彼の趣味はラジオでロックを聞くことです。
（①rock music　②is　③his hobby　④listening　⑤on the radio　⑥to）.
ア①-③　イ①-④　ウ①-⑤　エ④-①　オ④-⑤

㊽　私は彼女がアメリカに行って以来、ずっと彼女に会っていない。
I（①since　②to America　③her　④went　⑤have not　⑥she　⑦seen）.
ア②-③　イ③-⑥　ウ③-⑦　エ⑦-①　オ⑦-④

㊾　いつ東京タワーが建てられたか、あなたは知っていますか。
（①know　②when　③the Tokyo Tower　④do　⑤built　⑥was　⑦you）？
ア①-③　イ①-⑤　ウ①-⑥　エ②-⑤　オ②-⑥

㊿　この部屋から見える山は美しい。
（①beautiful　②the mountain　③this room　④is　⑤from　⑥seen）.
ア①-⑥　イ②-①　ウ②-⑥　エ⑤-④　オ⑤-⑥

埼玉県さいたま市西区指扇3838

JR川越線（埼京線）「西大宮」徒歩3分

TEL：048-624-6488

http://www.saitamasakae-h.ed.jp/h/

学校説明会

第1回　6月２日（土）10:00～
第2回　7月７日（土）10:00～
第3回　9月８日（土）10:00～
第4回　9月29日（土）10:00～

部活動体験会

第1回　8月20日（月）13:00～
第2回　9月８日（土）13:00～

入試問題解説会（要予約）

第1回　8月24日（金）10:00～
第2回　8月25日（土）10:00～
第3回　8月26日（日）10:00～
※上履きをご用意ください。

解答 ㊺エ　㊻オ　㊼エ　㊽イ　㊾ア　㊿エ

4月号の答えと解説

● 問題

Q ことわざ穴埋めパズル

例のように、空欄にリストの漢字を当てはめて、下の①～⑨のことわざを完成させましょう。

リストに最後まで使われずに残った漢字を使ってできるもう1つのことわざに、最も近い意味を持つことわざは、次の3つのうちどれでしょう？

ア　医者の不養生　　イ　忠言耳に逆らう　　ウ　下手の道具立て

【例】□を□らわば□まで → 毒を食らわば皿まで

① □は□し
② □け□に□
③ □れ□で□
④ □の□を□る□
⑤ □□□を□ばず
⑥ □つ□□を□さず
⑦ □ある□は□を□す
⑧ □□は□て□て
⑨ □□は□□より□なり

【リスト】

栗	威	隠	果	奇	苦	狐	虎
口	弘	皿	試	事	実	借	手
小	焼	食	寝	水	石	跡	説
選	待	鷹	濁	鳥	爪	毒	濡
能	筆	物	報	法	薬	立	良

● 解答　イ

解説

①～⑨のことわざを完成させると次のようになります。

① 物は試し
② 焼け石に水
③ 濡れ手で粟
④ 虎の威を借る狐
⑤ 弘法筆を選ばず
⑥ 立つ鳥跡を濁さず
⑦ 能ある鷹は爪を隠す
⑧ 果報は寝て待て
⑨ 事実は小説より奇なり

結果、リストに残る漢字は、苦・口・薬・良の４文字で、これらを使ってできることわざは、「良薬は口に苦し」です。このことわざは、『よく効く薬は苦くて飲みにくい。同じように、人から注意されたりすることは不愉快なことだが、結局は自分のためになる』という意味になります。したがって、このことわざに最も近い意味を持つものはイの「忠言耳に逆らう」となります。

中学生のための

学習パズル

今月号の問題

Q 論 理 パ ズ ル

卓球大会でＡ～Ｈの8人が下の図のようなトーナメント形式で試合をしました。その勝敗の結果は、次のようになりました。

① Ｂは E に負けました。
② C は D に勝ちました。
③ E は F に負けました。
④ G は準優勝しました。

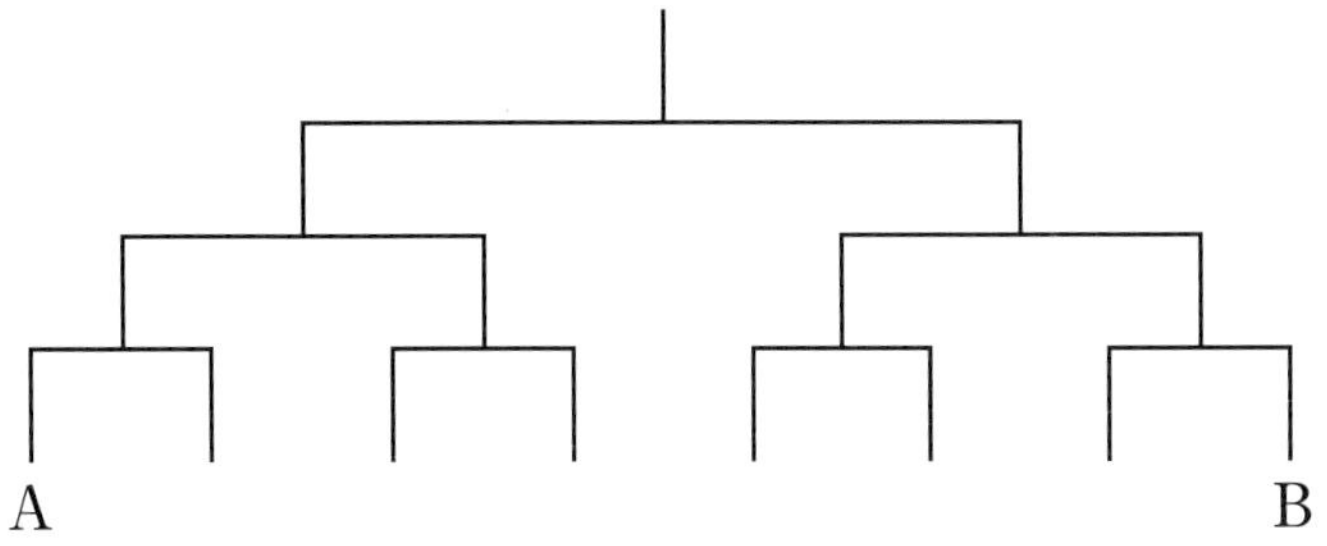

このとき、正しいといえるのは、次のア～エのうちどれでしょうか。

ア　Ａは F と対戦しました。
イ　Ａは H と対戦しました。
ウ　F は C と対戦しました。
エ　F は H と対戦しました。

4月号学習パズル当選者

（全正解者52名）

★**遠山　弘美**さん（東京都西東京市・中1）
★**半貫　淳也**くん（埼玉県狭山市・中2）
★**藤山　　徹**くん（神奈川県藤沢市・中3）

応募方法

●必須記入事項

01　クイズの答え
02　住所
03　氏名（フリガナ）
04　学年
05　年齢
06　アンケート解答「トーマス・デマンド展」、「日本橋展」（詳細は82ページ）の招待券をご希望のかたは、「○○招待券希望」と明記してください。

◎すべての項目にお答えのうえ、ご応募ください。
◎ハガキ・ＦＡＸ・e-mailのいずれかでご応募ください。
◎正解者のなかから抽選で3名のかたに図書カードをプレゼントいたします。
◎当選者の発表は本誌2012年8月号誌上の予定です。

●下記のアンケートにお答えください。

A今月号でおもしろかった記事とその理由
B今後、特集してほしい企画
C今後、取りあげてほしい高校など
Dその他、本誌をお読みになっての感想

◆2012年6月15日（当日消印有効）

◆あて先

〒101-0047　東京都千代田区内神田2-4-2
グローバル教育出版　サクセス編集室
FAX：03-5939-6014
e-mail:success15@g-ap.com

医学部へ一人ひとりをナビゲート!

6月生募集 **日曜集中特訓**

最難関医学部を目指す
ライバルだけが集う
「競い合う空間」

医学部必勝講座

高3対象（有料講座） 1ヶ月に3回／英語・数学・理科・国語・チェックテスト
（化学・生物・物理）

高2・高1対象（無料講座） 1ヶ月に1回／英語・数学・チェックテスト

最難関医学部必勝講座（選抜クラス）
千葉大、筑波大、医科歯科大
などを中心に受験を考えている
皆さんのためのクラスです。

難関医学部必勝講座（オープンクラス）
私立大医学部
を中心に受験を考えている
皆さんのためのクラスです。

医系受験指導41年の伝統と実績を誇る野田クルゼのエキスパート講師が、最速・最短の方法で現役合格に導くプロジェクト。それが「医学部必勝講座」です。講義⇒演習⇒試験というサイクルにより、あいまいな理解から生じる些細なミスを無くし、入試において高得点を狙える学力を定着させます。同時に、難易度の高い入試問題を扱いながら、現役生に不足している実践的な問題演習を行います。この講座で最難関医学部現役合格の夢をかなえましょう！

説明会・選抜試験

5/27(日) **無料**

対　　象▶高1～高3
説 明 会▶13:00～14:00
選抜試験▶14:15～16:00（英語・数学）
場　　所▶野田クルゼ現役校

高3対象：最難関医学部必勝講座／難関医学部必勝講座　タイムテーブル（例）

	9:00～10:30	10:45～12:15	13:00～14:30	14:45～16:15	16:20～17:20	17:30～19:00
1回目	英　語	英　語	物理／生物	物理／生物	英語チェックテスト	
2回目	数　学	数　学	化　学	化　学	数学チェックテスト	センター国語
3回目	英　語	数　学	物理／生物	化　学	理科チェックテスト	

高2・高1生対象：最難関医学部必勝講座　タイムテーブル（例）

	10:00～12:00	13:00～15:00	15:10～16:10	16:20～17:20
1回目	英　語	数　学	英語試験	数学試験

医歯薬専門予備校
野田クルゼ主催

メディカル・アカデミー

6/17(日) **参加無料**

エキスパート講師が今年度入試を斬る!
医学部受験最前線

40年以上の伝統と実績を誇る医学部受験専門予備校の野田クルゼのエキスパートスタッフが今年度の私大医学部入試を徹底分析。国公立医学部の最新トレンドなども皆様にご紹介します。医学部受験に特化した貴重な情報満載です。

- **医学部入試の難易度とは**
  偏差値で見る／倍率で見る／他学部との比較／気になる今年度入試の倍率は…
- **入試の仕組みを考える**
  医学部定員増の影響／推薦と一般／国公立と私立受験校決定の時期／受験費用と進学後の授業料は…
- **最新入試問題分析**
  医学部と他学部の問題の違い／今年のトレンドそして来年度に向けての対策…

大学の入試担当者による
医学部・歯学部講演会

私立医学部・歯学部の入試担当者が、入学後の学生生活の様子、今年度の入試状況や次年度の最新入試情報等をわかりやすく、講演を行います。講演大学は、決定次第発表致します。

昨年度講演大学：愛知医科大学、東京歯科大学

医学部受験のプロに悩みを直接相談!!
野田クルゼ 医学部受験相談会

医学部受験に関する経験豊富な野田クルゼの教務スタッフと各教科エキスパート講師陣が、医学部受験についての悩みにお答えします。これからの学習の方法や志望校対策など、何でも相談して下さい。皆様のご来場をお待ちしております。

開催日程:6月17日(日)
場所:東京グリーンパレス

〒102-0084
東京都千代田区二番町二番地
Tel.03-5210-4600(代)
FAX.03-5210-4644

■交通アクセス
東京メトロ有楽町線「麹町駅」6番出口……徒歩1分
東京メトロ半蔵門線「半蔵門駅」5番出口……徒歩5分
JRまたは東京メトロ南北線「四ッ谷駅」……徒歩7分
JRまたは都営新宿線、東京メトロ南北線「市ヶ谷駅」……徒歩7分

個別指導なら

全学年対象

医学部受験指導の
スペシャリストによる

医学部専門個別指導 Medical 1 メディカル・ワン

忙しい高校生活の隙間や部活動の合間を使って本格的な医学部対策ができる。

医学部受験は倍率が高く全ての入試科目において高得点が求められます。得意科目の更なる強化や不得意科目の早期克服に有効なのが医学部専門個別指導「Medical1」（メディカルワン）。指導は医学部受験指導のスペシャリスト講師が1対1の完全個別対応で担当し、各自の要望に応じて1回から受講できます。スペシャリスト講師だからこそ、即座にあなたの弱点を見抜き最も効果的な指導を行い短期間での成績アップができるのです。

Point 1 医学部受験指導のスペシャリストが1対1で指導

Point 2 あなただけの完全フルオーダーカリキュラム

Point 3 苦手科目や弱点となる単元の超短期克服

歴史

江戸東京博物館　開館20周年記念特別展
日本橋～描かれたランドマークの400年～

5月26日（土）～7月16日（月・祝）
江戸東京博物館

江戸日本橋より冨士を見る図　渓斎英泉　文政（1818～29）中頃　江戸東京博物館蔵

「日本橋展」の招待券を5組10名様にプレゼントします。応募方法は77ページを参照。

多くの人に愛される
日本橋のいまと昔の姿

江戸東京の象徴として日本人に愛され、多くの浮世絵に描かれた「日本橋」。江戸時代に木造で架橋され、明治44年（1911年）に石造の橋となったこの「日本橋」を、まずは橋そのものから、そして日本橋を取り巻く周辺の変化など、400年以上の歴史を絵画を中心に約130件の資料で振り返る。場所は知っていても意外と知らない日本橋の、江戸時代から現代までの歴史的な変化をこの目で見てみよう。

アート

トーマス・デマンド展

5月19日（土）～ 7月8日（日）
東京都現代美術館

《浴室》1997年、Cプリント © Thomas Demand, VG Bild-Kunst, Bonn / APG-JAA, Tokyo Courtesy Taka Ishii Gallery, Sprüth Magers, Esther Schipper, Matthew Marks

トーマス・デマンド展の「招待券を5組10名様にプレゼントします。応募方法は77ページを参照。

ドイツの美術家デマンドの
紙でできた不思議な世界

ドイツ現代美術界を代表する作家の1人であるトーマス・デマンド。政治的・社会的事件が起きた現場の風景を写真をもとに厚紙で精巧に再現しそれを撮影するのが特徴的。一見普通の写真かと見間違えるが、よく見ると違っているというなんだか不思議な違和感を覚える。この展覧会ではデマンドの初期作品から映像作品を含む新作まで、本格的に紹介する日本で初めての個展となっている。

歴史

ヨコハマ・ヨコスカ ストーリー
―二つの港町の戦後文化―

4月21日（土）～6月17日（日）
神奈川県立歴史博物館

「アメリカ軍のジープに集まる横須賀の子どもたち」（米国立公文書館蔵）

横浜、横須賀の戦後文化の
諸相を紹介

横浜と横須賀という2つの港町が、太平洋戦争後に歩んだ戦後復興の様子を振り返る展覧会。進駐軍の上陸地であったことから、外国の街かと見間違えるくらい外国人兵士の姿が多く見られ、そこからもたらされた外国の音楽・映画・洋服・食物などが街に広まっていった。港町の復興の歩みを、昭和20年代当時の資料など約130点を通じて、紹介していく。

サクセス イベント スケジュール
5月～6月
世間で注目のイベントを紹介

父の日

現在、世界各国に存在し、お父さんへの感謝の気持ちを表す父の日。日本で父の日とされているのは、男手ひとつで6人の子どもを育てあげたアメリカのお父さんを起源としている。ちなみに母の日はカーネーションだが、父の日はバラをプレゼントする。

イベント

東京おもちゃショー2012

6月16日（土）・17日（日）
東京ビッグサイト　西1～4ホール

いろいろなおもちゃが集まる
おもちゃの祭典

「東京おもちゃショー2012」は1962年に開かれた第1回日本玩具国際見本市から数えて51回目。「おもちゃで世界を笑顔に」をテーマに、おもちゃを通じて世界の子どもたちへ笑顔を届けたいという願いはいまも昔も変わらない。昨年は震災の影響にもかかわらず2日間でなんと14万人もの人が来場した。さまざまなおもちゃが一堂に会するので、わくわくしっぱなしの1日になるはずだ。

お祭り

湯島天満宮例大祭

5月25日（金）～27日（日）
湯島天満宮

合格祈願と一緒に
お祭りで盛りあがろう！

湯島天満宮は学問の神様・菅原道真公が祀られている、関東地方の天神さまとしては最も古い歴史をもつ神社であり、受験シーズンには合格祈願に訪れる受験生も多い。その湯島天満宮の例大祭は5月末に開催されている。今年は本社神輿（4年ごと）はないものの2年に1度の神幸祭渡御が行われ、各連合・町会の神輿も迫力満点。早めの合格祈願を兼ねてお祭りに行ってみるのもいいかも。

イベント

さいたま市浦和うなぎまつり

5月19日（土）
さいたま市役所東側広場および南側駐車場

浦和で開催される
うなぎのお祭り

さいたま市の伝統産業である、歴史ある食の名物「うなぎ」をPRしようということから始まったこの「うなぎまつり」。2002年から始まり今年で11回目を数える。会場では、うなぎのつかみ取りが体験できたり、うなぎ弁当が販売されるなど、うなぎ一色。年々来場者も増えうなぎ弁当は毎年即完売してしまうので、うなぎ弁当をゲットするには早めに行った方が賢明だ！

編集後記

先日、栃木県にイチゴ狩りに行ってきました。従業員さんにマンツーマンで美味しいイチゴの見分け方のレクチャーまでしていただき、30分制限のところを、時間無制限でお腹いっぱいになるまで食べることができました。しかも帰り際に、見たことのない大きさの美味しいイチゴをたくさんいただき、人の温かさを感じ、気分転換することができました。

さて、新学年になり1カ月が過ぎ、勉強を頑張りすぎて行き詰まっているときがありませんか？　そういうときは散歩をして外の空気を吸ってみるのもいいですし、今月の特集にあったように、いま使っている文房具を買い替えてみるのもいいかもしれませんよ。　　　　　　(M)

Information

『サクセス15』は全国の書店にてお買い求めいただけますが、万が一、書店店頭に見当たらない場合は、書店にてご注文いただくか、弊社販売部、もしくはホームページ（下記）よりご注文ください。送料弊社負担にてお送りします。

定期購読をご希望いただく場合も、上記と同様の方法でご連絡ください。

Opinion, Impression & etc

本誌をお読みになられてのご感想・ご意見・ご提言などがありましたら、ぜひ当編集室までお声をお寄せください。また、「こんな記事が読みたい」というご要望や、「こういうときはどうしたらいいの」といったご質問などもお待ちしております。今後の参考にさせていただきますので、よろしくお願いいたします。

サクセス編集室

TEL 03-5939-7928

FAX 03-5939-6014

高校受験ガイドブック2012⑥　サクセス15

発行　2012年5月15日　初版第一刷発行

発行所　株式会社グローバル教育出版

〒101-0047 東京都千代田区内神田2-4-2

TEL　03-3253-5944

FAX　03-3253-5945

http://success.waseda-ac.net

e-mail　success15@g-ap.com

郵便振替　00130-3-779535

編集　サクセス編集室

編集協力　株式会社 早稲田アカデミー

Success15

6月号

Next Issue

7月号は…

Special 1

高校入試の疑問あれこれ2012

Special 2

体育祭特集

School Express

開智高等学校高等部

Focus on

神奈川県立湘南高等学校

ISBN978-4-903577-57-9

C6037 ¥800E

定価：本体800円+税

グローバル教育出版